教育的使命
—— 一位美国名师的课堂反思
HOW CHILDREN FAIL

［美］约翰·霍特（John Holt） 著　张惠卿 译

教育科学出版社
·北京·

作者生平

约翰·霍特（1923—1985），美国当代教育改革领导者和作家。出生于纽约，在新英格兰地区长大，在私立学校和常春藤盟校接受教育。30岁之后长期在私立学校任教，并于1968—1969年分别担任哈佛大学教育研究所及伯克利加州大学客座教授。1977年创办《成长免教》（Growing without Schooling）杂志，同时创办约翰·霍特书店和音乐商店。

霍特于1964年根据他的教学日记写出第一本书《教育的使命——一位美国名师的课堂反思》（How Children Fail），被《纽约时报》（New York Times）书评人埃利奥特·弗里蒙特－史密斯（Eliot Fremont-Smith）赞为"可能是近年来最具洞察力、最动人心弦的教育书籍"。他于1967年推出第二本著作《孩子是如何学习的》（How Children Learn）。这两本书发行量达数百万册，并陆续被译成14种语言。霍特的文笔清新易懂，设身处地为孩子着想，因此受到很多教师、家长和在家自学的学生的欢迎。此外，霍特还著有《星期一我做什么》（What Do I Do Monday?）、《超越童年》（Escape From Childhood）、《自由与超越》（Freedom and Beyond）、《教育的不足》（The Underachieving School）、《永不嫌晚》（Never Too Late）等教育理论书籍。

霍特一生著述颇丰，他不仅仅是一位教育改革家，对很多社会问题更是提出了自己的意见，《生活杂志》（Life Magazine）称霍特为"理性的温和声音"。

目录
contents

修订版序 …………………………… 1
初版序 ……………………………… 5

第一篇　孩子的策略 ………………… 1
第二篇　恐惧与失败 ………………… 37
第三篇　真实的学习 ………………… 87
第四篇　学校的失败 ………………… 157
结　语　教育的使命 ………………… 189

修订版序

这本书出版以后，经常有人问我："你什么时候写一本关于老师为何失败的书？"我的回答是："这本书就是。"

如果这本书是关于一位失败的老师的，那这位老师也是不甘心失败的。我的工作是帮助孩子们学习，如果他们没有学到我教的东西，那我就应该尝试其他办法，直到教会他们。

我一直劝导老师和实习老师用这样的态度对待他们的工作。很多人这样回答我："对于学校的问题，你为什么总是指责我们？你为什么总是让我们很内疚？"

但是我没有。我不会因为学生没有掌握我教的东西，或者我没有做到自己本该做到的事情而指责我自己。但是我觉得自己应该负责任。

"指责"和"内疚"是儿童用语。我们在谈论教育时，最好别用这样的词。我们应该用另一个词——责任。学校和老师应该对教学结果负责任。

我自己是负责任的。如果我的学生没能学会我教的东西，我就要找到原因。《教育的使命——一位美国名师的课堂反思》部分记录了我反思的过程，当时的反思也不太成功。现在，20年过去了，我有了更多的体会。这就是本书再版的意义。

我想保留原版本不变，只是在有新想法的部分加入新内容。可能有人认为我学习和思考的时间太长了，犯了很多愚蠢的错误，还错失了很多明显的线索。但我不会自责。我尽力发现一些重要的真理，这没有捷径。在这本书里，你可以发现我的起点、我的探索和我的进步。

现在很多人都在讨论，要提高标准，要严格测试，以确保学生已经掌握了"应该掌握的"知识，才能升级。这会导致什么结果呢？只会导致我在本书里提到的欺骗——考前给学生们大量练习，使他们看起来已经学会了，其实根本没学会，并且还会有选择性地强化某些规则——更多贫穷的非白人儿童落后于白人儿童。最后，我们会再一次发现：留级的学生并没有比第一次有多少进步。怎么会有进步呢？如果某种教学方法第一次用是失败的，第二次用会突然有效吗？很多时候，留级的孩子会感到羞愧、生气、无聊、困惑，会表现得更差——甚至会在课堂上捣乱。

也就是说，这种消除社会进步障碍的壮举估计不会产生积极作用。

最近，在纽约，教育学作家协会举行了一次会议，哈佛教育学研究生院的罗纳德·埃德蒙（Ronald Edmonds）教授讲到他应纽约市公立学校的邀请做了一些研究。他和他的同事们试图找到是什么因素造就了"好学校"。所谓"好学校"，是指在这些学校里，来自贫困家庭的孩子在任何年级都能和来自中产或富有家庭的孩子一样，掌握应该掌握的内容，并顺利升级。

值得注意的是，在美国东北部，研究人员只找到了55所达到这种标准的"好学校"。

他们研究了这些学校以发现它们的共同特点。在他们找到的5个共同点中，我觉得其中两点很关键：（1）如果学生没有掌握老师教的知识，学校不会责备他们，也不会归因于他们的家庭、背景、成长环境、态度、神经系统或别的因素。这些学校不会辩解，他们对好的、不好的结果全权负责。（2）正在使用的教法没有效果时，他们会立即停止。他们会放弃某种教法，而不会放弃学生。

如果我们能够说服更多的老师和管理人员这样思考问题，我们的教育很快就会改观。不过估计短期内改变的可能性不大。因为事情在向另一个方向发展，即结果越是糟糕，学校越是坚称不是他们的问题。

最后一点，本书中提到的对学生智力的损害早在 20 年前就已经存在。

初版序

大多数孩子在学校的表现都辜负了成人的期望。

对一般人而言,这种现象是必然的、绝对的。升入中学的孩子,有将近40%在中学毕业之前退学,升入大学的孩子退学率也占到1/3。

而更多其他的孩子虽然名义上没有辍学,实质上也失败了。他们之所以能完成学业,是因为我们放宽了对他们升级或毕业的条件,而漠视他们的学习成效。这类学生的数目比我们想象的更多。如果将升级或毕业的标准略微提高,我们必能发现无法通过考试而留级的学生数目将大为增加。

但是,更值得重视的问题是几乎所有的孩子都退步了。不论是好学生还是坏学生,他们的学习能力、理解能力以及创造力——这些能力与生俱来并且在他们两三岁时曾发展到极点——丝毫没有任何的进展。

为什么他们会退步呢?

这是恐惧、厌倦和迷惑导致的结果。

他们害怕退步,担心辜负成人的期望,也惧怕他们会生气。成人无止境的期望,让他们一仰头就觉得乌云笼罩、心情凄然。

学校里有太多琐碎和单调的事使他们厌倦。此外,学校以狭隘的分析衡量断定他们的智能,也是让他们觉得烦闷的原因之一。

而在学校里，他们所听到的嘀咕与唠叨，大多是毫无意义的，因此他们会感到相当困惑。对于听到的事，他们也经常发现前后矛盾，或与他们所了解的事实毫无关联，这也是他们困惑的原因。

这种集体性的退步是如何发生的？教室里究竟发生了什么事？哪些学生会有挫折感？他们脑子里到底在想些什么？为什么他们无法更加有效地发挥自己的潜能？

本书就是探索、解答这些问题过程中的部分记录。我以一连串的短笺作为本书的开端，这是我利用好几个晚上向我的朋友兼同事比尔·夫（Bill Hull）说明我为他代五年级学生课的情形，以及我对该班的观察心得。我将这些短笺寄给对此深感兴趣的老师和家长们，再广泛搜集几十篇短笺编纂成书。对于所有短笺的内容，我除了利用有限的时间重新安排和编辑之外，并没有任何的变动。本书共计四篇：孩子的策略、恐惧与失败、真实的学习、学校的失败。"孩子的策略"讨论学生为了应付和搪塞师长的要求而想出来的诡计；"恐惧与失败"讨论在孩子的心灵里恐惧与失败的交互作用及其对学习及孩子的策略的影响；"真实的学习"探讨"似乎知道"、"被迫知道"和"真正知道"之间的差异；"学校的失败"则分析学校如何不当地助长不良学习策略的滋生，增加学生的恐惧感，而造成无法融会贯通或曲解学习的情况。

很显然，这四个主题的内容都不是完全独立的，而是有重叠的。这些主题所讨论的，不外乎是对小孩的行为和思想的观察心得，只是观察的角度不同而已。

我必须特别声明的是，本书所探讨的对象既不是坏学校，也不是反应迟钝的小孩，相反地，本书所叙述的学校是颇负盛名的私立学校，这些学校的学生不但智力在平均水平以上，而且表现优异，他们目前正准备升入好的中学和大学。我有很多朋友在观摩学校方面具有丰富的经验，当他们知道我将出版的书会讨论目前学校教育对聪明的孩子所造成的不良影响时,便分享了一些我尚未参观过的学校的情况,他们说:"这些学校都差不多,甚至更差劲!"

第一篇 孩子的策略

一九五八年二月十三日

我对妮妮总是难以释怀。从她今天和我讨论分数的样子来看,我觉得她已经完全拒绝理解这门功课了。这种现象正常吗?小孩通常会拒绝理解事物,不肯用心思考,但是一旦他们把握住某种观念,就不会轻易放弃,不是吗?妮妮的表现就是这种情形。有好几次她确实很努力想听懂我的话,而且也做到了,课业进度也赶上了一些。我以为她已经能把握重点了,但她却摇头说:"我不懂。"孩子可以从失败中得到什么好处呢?马莎每次演算数学的情形也和妮妮一样。她既不了解,也不愿意用心去理解,更不听讲解,只会说:"我全搞糊涂了。"究竟这是什么道理?

也许我应该谈谈和此问题有关的投机者(这里所称的投机者,是指全心全意求取正确答案的学生),他们多少会以投机的方式来求得答案。一般而言,投机取巧的学生,很容易尝到失败和绝望的痛苦,因为他们只一味地寻求答案,不知其所以然,但思考者(思考者则指用心思考的学生)却颇能运用心思。

谈到这里,很多学生会自怨自艾地说:"我真笨哟!"我感到很惊讶,我原以为这种不平衡的心态要到青春期才会出现。很显然,我的估计错了。

今天的室内团体游戏进行得很顺利,我们玩的是数字游戏(在每天的课表中安排一段时间,班上有2/3的同学分别去参加艺术班或技能班,其他人则留下来和我进行"室内时间"。这是比尔·夫所创立的特别团体。我们聚集在教室之外的一间小屋里,玩各种智慧游戏、猜谜,举行讨论会,但进行的方式很轻松,尽量避免严肃。我们偶尔也玩"二十个问题"的游戏——由老师想一个数字，学生可以提出问题来找出这个数字，但老师只能回答"是"或"不是"）。罗拉在今天的游戏里是最不会发问的。有几次轮到她选择数字，当我将数字缩小到只剩下三四个数字可猜时，她每次都猜对了数字。这种情形使她觉得自己是今天猜答案的当然代表。有一次，她抢先猜一个可能还有12个数字的答案，很显然，这是一个相当差劲的猜法。别人在她猜完后也开始跟着猜，结果浪费了4次才猜到答案。后来，善于察言观色的玛莉想到了一个妙计：从头开始猜。这使得她同组的同学纷纷放弃原先采用的数字迫近法，而跟随她的方法。

虽然他们不能在一次循环中将不可能的数字排除而找到答案，但是我仍然认为他们的表现值得嘉许。因为，在他们确知正确的数字是介于250到300时，他们会以"是介于250到260之间吗"的问题缩小猜数范围。

南希也玩得很好，不过，她似乎不太能适应过度紧张的游戏。每次当游戏进行到最紧张的时刻，她的脑子就呈现一片空白。但是她不像妮妮或马莎，一碰到问题就不知所措、难以适从或胡乱猜测。只要她能抑制紧张、保持静默，我深信她可以玩得很好。

一九五八年二月十八日

"潜能"是高深莫测、玄奥神秘的东西。我们都听说过，大多数人会具有终其一生都难以发挥净尽的潜在能力，这种说法是有可能的。为什么潜能不能被发挥出来呢？为什么大多数人在发掘出自己10%的潜能后，便无法更进一步发挥了呢？为什么有些人能设法发挥20%至30%，甚至更多的潜能呢？

为什么这种能力会被抑制而难以施展？是什么原因导致这种能力被压

抑呢？

我过去在科罗拉多落基山学校（Colorado Rocky Mountain School）的4年中，一直致力于钻研这个问题。一开始，我便发觉某些人天生材资优异，超乎常人，这是我们无法改变的事实，也是大多数心理学家所遵循的方向。如果你和学生的接触仅局限于教室和心理测验室里，这种说法就很容易让你信服。但是，如果你有机会观察学生在教室、宿舍和日常生活中的活动以及在娱乐、运动与劳动时的表现，你将会获得一个结论：某人在某种情况下显得特别聪敏智慧。这是什么原因呢？为什么某人在某些时候会比较机智伶俐、善于观察分析、想象力丰富，但是一回到教室，却又变得傻里傻气呢？

我们班上最坏的学生（也是我碰到过的最坏的学生），他在教室外表现得既成熟又聪明，简直像学校里受欢迎的模范生。究竟这是怎么回事？曾经有不少老师向这个学生的父母抱怨他的脑筋有问题——这是我们对疑虑不解的问题最常下的结论。为什么我们无法将他的聪明才智和学校联想在一起呢？

去年我教了几个功课很差劲的学生。我让不少学生重修，其中大部分是法语和代数科目。可是天知道，我实在是想让他们过关啊！每次考试之前，我总是恶补式地帮他们反复练习。如果他们考不及格，我就更卖力地帮他复习，补考题目也出得比前一次简单，但是他们仍然考不及格。

后来，我知道了应如何处理这个问题：我将上课的内容调整得更富乐趣，使教室成为生动、活泼的地方。为此，我曾耗费一些时间调整上课的内容。现在这些成绩不好的学生已经以上我的课为乐了。我帮助学生克服了畏惧说出疑虑的心理，并耐心地为他们讲解，直到他们明白为止，同时，我也向他们施加了适当的压力。这就是我在这段时间内所做的事。结果呢？坏学生仍是坏学生，甚至变得更坏。同时我发现，假如他们在上学期的成绩毫无起色,那么,下学期也将是一塌糊涂。我想以下的叙述就是解决这个问题的最佳答案:避免让孩子一开始就沦为习惯性的失败者。

一九五八年二月二十四日

观摩比尔·夫上课的心得

今天上课时,有三四个学生因为解不出第二道数学题而来问你,事实上,你对着黑板讲解题目时,他们个个心有旁骛。我始终观察着乔治,我发现他一直在做自己的事——用铅笔在课桌上画一个圈,然后在里面钻洞。后来被你发现了,他矢口否认,但是当我指出他所挖的洞时,他哑口无言了。格兰显得心不在焉,若有所思;南希更是大部分的时间都在做白日梦,幸好她被叫起来回答问题时,神智能够及时清醒;唐恩只有一半的时间在听课;罗拉的情形也差不多;马莎则用手比画成各种动物形状自娱,并且让手形动物在桌上乱爬。

观察了这群小孩子上课的情形之后,我发现他们无法将注意力集中在主题上,甚至没发觉自己的心猿意马。如果我叫醒一个正在做白日梦的学生,相信他一定会受到惊吓,并不是因为我已注意到他不专心听课,而是他惊于自己悠然入梦却一点儿也不自觉。

除非尝试像"悬梁刺股"的痛苦,否则在我真正想睡觉时,我无法让自己一直保持清醒。记得当我还是学生时,只要一听到老师的声音,我就会打瞌睡。但是我的心里好像有一个"守卫者"在对我呐喊着:"嗨!小子,醒醒吧!"这时我会稍稍有些警觉。然而瞌睡虫似乎不太容易被赶跑,虽然守卫者仍然继续坚守岗位,不断提醒我,但声音却变得愈来愈微弱,直到对我完全失去了作用。这时响起另一个优美的催眠声,而守卫者却对着我大喊："嗨！醒一醒吧！不要上催眠声的当了！"

　　大多数人都不善于控制自己的注意力，往往会心不在焉而不自觉。因此，学习把握自己的心态和理解的程度，也是好学生必备的条件之一。如果有学生经常慨叹自己孤陋寡闻或认识浅薄，他可能是个好学生，因为他懂得警惕自己的理解力；坏学生则根本不想去理解问题，也不清楚自己是否已经理解。因此，我们亟须关心的问题，并不是训练学生如何发问，而是让他们认识理解和不理解之间的差异。

　　归纳以上所述，使我想起了贺伯。现在我终于明白他为什么老把词写出格子外。他抄写单词时大概一次想着两个字母，而且可能只看到那两个字母，甚至，不知道自己写的是什么词，因此，在开始抄写单词时，他对于单词的长短和预留的空格，事实上根本毫无概念。

一九五八年四月二十一日

　　在数学测验时，我一直观察着露丝。几乎所有的时间她都望着窗外、玩弄铅笔、咬指甲或引颈抄袭妮妮的答案。从她毫不担忧或困扰的神色看来，她似乎已经决定不参加正规的数学测验了。

　　在"不知道怎么做"的情况下，露丝似乎感到很痛苦，因此，除了等待机会之外，她宁可什么事也不做。即使在今天的讨论课上，她也什么都没做，只是缩头缩尾地从抽屉搬弄东西出来。但是她笨拙的动作，每次都被我看到。虽然这让她感到十分沮丧，但是整堂课的时间，她仍然伺机作弊，丝毫没有因为被识破而感到羞愧。

　　你还记得几个星期前艾米莉将显微镜（Microscopic）这个词误拼成"Mincopert"的情形吗？今天我在黑板上再拼出"Microscopic"时，她竟然想起了这个词的意思,这的确让我惊讶万分。其他学生看到我在黑板上写这个词时都不禁失笑说:"这是什么词啊?"我问艾米莉:"这个词是什么意思?"她回答说:"好像是显微镜。"我发觉她已不记得曾将显微镜这个词拼成"Mincopert"的事了。

上次拼词测验时,她将关税(Tariff)这个词拼成"Tearerfit",今天我再测验她时,她竟拼成"Tearfit"。为什么会出现这种情形呢?在观察她大声朗读后才让我找到了线索,原来她每次阅读时总是闭着眼睛,然后像半夜路过坟墓似的匆匆念过,根本不顾词形。

这使我想到《古代水手》(*Ancient Mariner*)这个故事的片段。这可能是世界上最短的鬼故事:

> 似一个心怀恐惧的人,
> 瑟缩地彳亍于凄清的街心,
> 在一次猛然回首后,即仓皇狼奔,
> 永不再回头,
> 因为他深知魑魅魔鬼正紧随在后。

难道这就是某些学生在学校里的生活模式吗?

一九五八年五月八日

给研究委员会的短笺

跟其他学校一样,这所学校也有一些学科委员会——数学、英语、历史等,老师们在会议上讨论应该教些什么。在我到这所学校之前,比尔·夫已经在这里教了 10 年。他知道这些委员会并没有像我们在课堂上做的那样,讨论孩子们的思维方式和学习方式。他认为有些老师可能愿意聚在一起讨论孩子们在学习上的问题,他们在课堂上的智力活动,为什么某些智力活动会妨碍学习,以及我们可以做些什么来改变这些智力活动。在研究委员会的第一次会议上,大概有 12 位教师到场。到第二次会议,大家在明白了比尔的研究意图之后,人数就下降了。在三四次会议之后,只有极少数人对我们的讨论感兴趣,以至于我们只好放弃了这个委员会。大家似乎都不关心这个问题。①

我提过艾米莉这个孩子——就是将显微镜(Microscopic)误拼为

---

① 编注:约翰·霍特于 1964 年推出《教育的使命——一位美国名师的课堂反思》第 1 版。20 年过后,作者对教育有了更多的体会,希望修订这本书。但作者想保留原版本不变,只是在有新想法的部分加入了新内容。为便于读者有效区分作者首版文字内容和 20 年之后修订文字,本书在编排上采取将修订文字的字体区别于首版文字字体、修订文字缩进两格、修订文字上下加线等方式。正如作者在《修订版序》中所言:"在这本书里,你可以发现我的起点、我的探索和我的进步。"

"Mincopert"的学生，很显然，她只管作答，在写下答案后就不再检查答案是否正确。不过，我发现类似艾米莉这种情形的学生相当多，只是艾米莉的情况比较特别而已，因此，我希望你们能多关照这些学生。

有一次，拼词测验后，我在黑板上写了"Microscopic"这个单词。艾米莉和另一个拼词能力很好的同学笑着说，这个词好像是"显微镜"的意思。其他人都嗤之以鼻，连艾米莉也觉得好笑。虽然从她的声音和外形看来，她还只是个孩童，思想也是那么的幼稚，但是她的动作和行为却相当成熟。她的表现似乎在说明她从来没有写过"Mincopert"这个词，因为她觉得自己不可能愚笨到会误拼这个单词。

今天，她递给我一张剪贴卡，上面贴着她朋友从报纸上剪辑的几则笑话。看到最后一则时，我发现她把糨糊涂在笑话的正面，以致呈现的内容让人读起来索然无趣，不知所以。她的粗心大意，着实令我吃惊。当其他学生争相传阅这则笑话时，我对艾米莉说："我们都不太了解最后一则笑话，请你为我们解释一下。"起初我以为她看过这些笑话，因此当别人看不懂时，她应该知道自己将笑话贴反了。意外的是，她只是若无其事地傻笑着："其实我也没看过。"她神情木然地凝视着她所提供的笑话，不但毫不在意其内容是否有意义，也没有愧疚之意，当然，她更不可能知道这则笑话的正确内容了。

我对学生的理解能力感到相当怀疑。有一天上课，我要求学生跟着我抄写几个词，而且要和我写的完全一样：该大写的字母不可以小写，该小写的字母不能大写，就像照镜子一样。首先，我写了"猫"（CAT）。当时我希望他们写成"CAt"——两个大写字母和一个小写字母，我想只要他们稍加注意，应该不难写好这几个词。艾米莉可能想：既然和照镜子一样，那么字母应该颠倒过来写，所以她写成了"TaC"，把大写"A"变成小写"a"。我写的第二个词是"鸟"（BIRD）。这一次她几乎忘记将字母颠倒的规则，因此她将整个字体保持原有的顺序，而颠倒看我写的词，她先在纸上写下"BIrD"，"B"和"I"不变，然后她大概觉得"r"像反过来的"L"，因此她写出"L"，同时认为"B"和"D"不应颠倒，因此最后答案是"BILD"。至于我的题目是什么，她根本毫无概念。往往在所有事情做到最后时，她早已忘记是怎么开始的。因此，同样一件事，到最后可能会变成前后互不相干的两码事，就如上面所举的例子一样。

艾米莉要求凡事都要做对，一旦她做错了事，或是认为可能是错的，便索性忘记这件事。当然她不会告诉自己做错了，但假如别人指出她的错误，那情形就严重了。当她被叫去做某些事时，她会迅速而谨慎地完成，然后恭敬地等待"对"或"错"的宣判，但不管是做对或做错，她都不愿意再为那件事费神或头痛。

这种畏惧错误的心理，迫使她和其他学生一样想出其他应付的方法。她看准了背诵课时我的注意力会被20个学生所分散，她也知道老师最喜欢叫那些迷迷糊糊、不专心的学生起来发问，因此每当大家举手抢答时，她便也跟着举起手来，不停地在空中挥动做抢答状，不管她是否真的知道答案。这样一来，她至少可以让我觉得：她也知道教室里到底在做什么事。这就是她屡试不爽的安全方法。当她看到别人回答时语气坚定有力，她也会坚定地点头同意；有时她甚至还会补充一些评语，虽然从她的表情和声音中可以察觉出她并不太有把握。另外，有趣的是，除非班上有一半的同学举手，否则她不会贸然附从。

有时她也会被叫起来回答问题。有一次我问了她一个问题："48的一半是多少？"她小声回答："24。"我请她再说一次，这次她大声地说"我说"，随后又降低音量小声地说"24"。因为很多人没听到，因此我不得不请她再说一次。最初她有点儿紧张，然后很大声地说"我说48的一半是……"接着又很小声地说"24"。结果还是很多同学没听到。于是她很愤慨地说："好吧，那我用喊的。"我说："这样很好，大家都能听得见。"于是她理直气壮似的大喊："老师的题目是48的一半是多少？对不对？"我说："对。"接着她又很小声地说："24。"总之我实在无法让她大声地说出答案。

当然这个方法经常奏效。当老师提出问题后，便期待学生的正确答案，这可以印证他的学生能够接受他的教法，并且能够使他安心地继续下一个主题。如果他总是将学生那些接近答案的声音视为正确答案，那么对于一个不确切知道答案的学生而言，这就是最好的赌注——如果他无法肯定一个字母应该拼成"a"或"o"，他就会从中随便选择一个。

上语言课时，这种低声回答的方法最容易成功。在我的法语课堂上，学生最惯于使用这种方法，他们并不在乎我是否知道他们的伎俩。另外，这种方法对于严格要求发音准确或对自己的发音沾沾自喜的老师，也很容易得逞。很多学生都有信心让这些老师自己回答问题，他们只要随便发出一些声音做说话状，或胡乱回答，这些老师就会忍不住纠正他们，并随口说出既优美又标准的答案，再请学生跟着他念。危险往往就是这样被化解的。

游戏的理论专家替这种策略制定了一个名称——"小击大"，因为这种方法将赢的机会增加到最大，而将输的概率降低到最小。一般来说，学生都善于设计类似诡计，并可以找出很多下赌注的机会，而且胜算极大。不久以前，我和学生一起进行杠杆平衡原理的实验：取一根木棍或一座天平，先找到中间支点的地方平衡，再用钉子将平衡点固定。我们将一枚砝码随意放在天平的一边，然后给学生另一枚砝码，这枚砝码的重量可能与前者相等，也可能较重或较轻。再请他们将砝码放在天平的另一边，然后移去固定的钉子，让学生猜测两边是否会保持平衡。因此，每当有同学将砝码放在天平上时，同组的其他同学便争相猜测天平是否会保持平衡。

有一次，轮到艾米莉在天平上放置砝码，她考虑了很久才随意选放了一枚。同组的其他同学都一致猜测天平不会保持平衡。糟糕的是，每当有人猜测时，她便会对自己的选择失去信心。待每个同学都猜过之后，她取下了固定钉，然后环顾四周，大声地说："我也不认为天平会保持平衡。"当时，我实在无法用文字来形容她的语调和神情。她给我的感觉是：置放砝码的人和她并不相干，况且她认为自己不可能笨得将砝码放在那个位置。她移走固定钉后，天平两头开始激烈地摇晃，但她似乎觉得很得意，因为自己的猜测得到了证实。大多数同学跟艾米莉一样，也都是采取这种双面下注的投机方法，但是没有人像艾米莉表现得那么自然无愧。

我现在知道艾米莉的问题了。在她看来，她的任务不是拼写"显微镜"这个词，不是倒着写某个单词，也不是置放砝码。她一定是这样想的："老师想让我做一件事。我根本不知道让我做什么，也不知道为什么让我做。不过我还是做点儿什么吧，这样他们就会放过我。"

一九五八年五月十日

大多数的学生都能很坦诚地说出他们获得答案的方法。有一次我观察某班学生上课的情形，当时该班老师正在给学生做口头上的测验：她在黑板上画出三栏，分别标明名词、形容词、动词，每当她念完一个词后，就问学生该词属于哪一种词类。显然地，她和大多数老师犯了相同的错误。因为她没有考虑到：第一，很多单词都有两种以上的词类；第二，单词的词类需根据全句的意思才能确定。

学生之间还流行一种所谓"猜猜看"的绝妙方法。这个方法就是每当回答一句话之后，就开始观察老师的表情，以便知道是否抓对了方向。这个方法对多数老师都管用。但是这位老师带着一张扑克脸孔，很难让你轻易地察言观色。从学生说话的表情看来，很显然他们对名词、形容词、动词根本毫无概念，但奇怪的是，他们答对的命中率仍然相当高。最后，有一个学生忍不住说："老师——你不要每次都用手指着答案嘛！"老师听后感到相当惊讶，于是问她话中的意思，她说："虽然你没有真的指出答案，但是你站立的方向和神态，等于是告诉我们正确的答案。"显然地，这种说明仍不够清楚，因为老师几乎是站着不动的。当这堂课又进行一阵子之后，我才领悟出这个学生的言外之意。每当这位老师要将文字写在正确词类之下时，总是以相同的准备动作走到该词类之前，因此学生可以从她站立的姿态和角度轻易地寻出蛛丝马迹，从而说出正确的答案来。

其实，学生能找出蛛丝马迹的方法还不止前面所说的一种。老师总习惯将黑板上所列的名词、形容词和动词三种词类，设法凑成每三个词一组，以保持每一栏的高度相等，这就是说在出现三个词之后，在猜下一排第一个词时，你有1/3的概率答对。到第二个词时，你只需二选一即可，而最后被问的同学就最幸运，因为他根本无须选择。由于他们几乎有答必中，而且应答的速度相当快速，致使这位老师改变方式，以保持每栏词类的词数不等。这样一来，学生成功的概率便迅速降低了。

观察这堂课之后，我发现前面所说的有关老师的通病仍然频频出现，无疑地，这将徒增学生在思考上的困扰和迷惑。这位主修英语的老师告诉学生说：动词就是一种动作。其实这种说法并不完全正确。在课堂上，她问学生一个词"梦"（dream）。当时她只想到这个词是名词，显然地，她记不得"梦"这个词也能当动词用。有一个小男生很率直地回答它是动词时，这位老师为了能更明白地纠正这个学生的答案，只好做了更令人混淆的"讲解"。

她说："但是动词必须有动作，你能不能用'梦'这个词造一个表示它是有动作的句子？"这名学生迟疑了一下，然后回答："我梦到一个有关特洛伊战争的故事。"我想这真是妙极了，因为我们很难再找出比这个更有动作性的句子了。但是这位老师却说他错了，使得他怀着一脸惊愕、失望的表情坐在位子上。这位老师只想着学生的答案必须和她的意思一样，而忽视了学生的表达与想法，更遑论去了解学生的回答是否合理和正确。其实，真正犯错的是她自己，而不是这个学生。

另外，在我们实习的某所学校中，我也发现一位老师含混上课的例子。

这是一堂数学课。这位教学经验丰富的老师正在黑板上演算他所指定的习题。每演算一个步骤，他就以惯有的方式问学生："这样对不对？"上这种课实在是无聊透顶！我发现这种授课方式很难让我专心，班上大多数的学生也都各怀遐思、漫不经心，只稍稍注意老师是否叫到自己的名字而已。每个被叫到名字的学生，也不管老师的问题是什么，只一味地回答说："对。"这一堂课就是这么无聊地进行着。不知道经过多久，我的注意力逐渐涣散不集中。突然间，我好像受到某种冲击，于是又集中起精神来，我端视着这位老师，班上的每个同学也都注视着他。那位被叫起来发问的同学仔细端详老师在黑板上所写的字后说："不对，这里错了，应该是这样，这样。"这位老师满怀欣慰地说："很好，你说对了，应该是这样。"说完，他将错字擦掉，重新改正。于是班上的同学和我都松了一口气，然后又各自进入梦乡了。

待下课后同学都离开了，我向这位老师表达他让我来观摩上课的谢意。他说："你是否注意到我向同学们所投的变化球？我经常如此，以便让他们保持警觉。"我随口附和了几声。但我认为时间和地点都不适宜告诉他：在投变化球时，他的声音也明显地提醒对方要戒慎警觉，这不仅会使学生注意变化球，即使陌生人也会提高警觉。

这本书出版后不久,麻省理工学院电子工程系的一位教授开车送我去参加一个会议。他说读了这本书之后,他意识到他的研究生们在欺骗他,在他教学的十多年里一直在欺骗他,他们会用逃避策略——含糊地说话、察言观色、胡乱猜想,再看老师的反应,或者把问题抛回给老师。

我后来想到,当有人要评价你时,大家都会这样做。

一九五八年七月七日

当我重新阅读去年春、冬时所记录的短笺后,我发觉一个人改变对原本深信不疑的事物的看法是一种既奇特又不安的体验。我曾经说过:给学生适当的压力是有必要的,但我发现阻碍他们思考和迫使他们绞尽脑汁想出各种诡计的原因,就是他们始终持有一种必须不惜任何代价来取悦大人的意识。在我的班上,那些真正有思考能力的学生,并没有必须去取悦大人的意识。其中有些成绩很优异,有些则不太好,但不管他们的成绩是好是坏,他们都不刻意取悦我。

华特的情形则和别人相反,他非常渴望我(或任何人)叫他做事,而通常他都能做得很好(以传统的标准来衡量,他该是一个既乖巧又能干的学生,大家也都认为他出类拔萃,事实上,情形并非如此)。

我问他一个问题:如果你每小时的行速是40公里,那么走10公里你要花多长时间?

华特:4分钟。

朱（我）：怎么算的呢？

华特：40 除以 10 等于 4。

他看了我一眼，便知道他的答案不对，因此过了一会儿，他又说："15 分钟。"为了测知他对问题了解的程度，于是我又向他提问。

朱：如果你每小时走 50 公里，那么 24 分钟后你走了多远？

华特马上回答：36 公里。

朱：你怎么算的呢？

华特：60 减 24 等于 36。

显然地，他仍然不了解问题所在。我只好再试他一次。

朱：如果你每小时走 50 公里，那么 30 分钟后你走了多少公里？

华特：25 公里。30 分钟是 1 小时的一半，而 50 的一半就是 25 了。

乍听之下，他似乎已经想通了这个问题，因此我想他应该能解答"24 分钟"的问题了。最后，我仍然花了相当长的时间，给了他很多提示，他才似懂非懂地领会出 24 分钟是 1 小时的 2/5，因此，24 分钟的行程就是 50 公里的 2/5（即 20 公里）。如果我不是这样详细地分析，我真怀疑他能否真正了解问题本身。

大多数老师的想法，跟我以前一样，认为只要他能演算 15 分钟的问题，他自然能了解题目的真正意义，纵使有任何的疑虑，也可以经由讲解而使他了解。但是纵观他做每一道题的情形来看，我们发现他根本不知道自己所为何事，因此，我们无法肯定他是否已经理解了问题。

那么，他到底在施用什么诡计呢？显然地，他是在玩文字的推托游戏，他甚至还编了一套说辞来解释他是如何解答问题的。如果他能清晰地向你解释说，只要花半个小时的时间，你就可以走 50 公里的一半的行程，你能说他是在玩一些文字的推托游戏吗？我觉得他的解释甚为合理，因为就针对这个题目而言，他推演的方式并没有错，即使错了，他仍然感到无比宽慰。

这实在是一个令人颓丧的想法。我们始终坚信并自诩：我们的教导方式能帮助学生真正理解数学；但如何去做呢？就是耐心地为他们讲解他们所做的题目（同时也要求他们有所反应）。但是从学生的观点来看，学生难道不会觉得（很明显，华特就觉得）在教室里不仅必须要写出问题的答案，还要提出完整的解释吗？但是从以上的例子我们可以看出，一个学生即使能够算出正确答案，能够加以解释、说明，他也可能对自己所说的或所做的完全不了解。

这所优秀的私立小学，它的学生智商很高，他们的家长都是成功人士。值得注意的是，尽管过去该校以"超前"著称，但现在也已经回归基础。

一九五八年七月二十五日

观摩比尔·夫的教学

在我半年多的教学观摩与学习经验中，有一件事特别值得一提，那就是上课的内容大多不是老师所想教导的内容——这的确不是理想的教导内容。多年来，对于我所带的班级，我始终怀有一幅理想的蓝图。我深深地以为我确实知道"对学生的关注必须兼顾身体和精神"这句话，我以为我了解学生的行为、思想和感觉。直到现在，我才醒悟我的蓝图完全是自欺欺人。但是为什么我以前没有了解到这一点呢？

我坐在教室外面，冷静地观察这些学生，注意他们的动作和反应，并将他们和我想象中的青少年做比较。这时我渐渐领悟到某些事：你不能只通过学生在课堂中问答的表现来评定他们，你必须暗地多方面观察他们，否则你根本无法真正了解他们。

好几次上背诵课时,班上学生被分成几个小组上课,但大多数学生并不专心听课。往往在最需要专心听讲的课上,学生却总是表现出一副漫不经心的样子,而那些知道答案的学生总是不停地挥手,唯恐你不晓得他已经知道正确的答案。正因为他们知道答案,致使他们冷眼旁观其他的同学出纰漏。但是,从班上的人数比例而言,这些精明能干的学生毕竟只占少数而已。为什么大多数学生的表现都不好呢?主要的原因是,他们专心的程度随着不同的课程而定。如果上课的气氛能够调整得更生动活泼,他们便会洗耳恭听。另外,在进行讨论时,如果班上有同学招惹麻烦,或有同学因答非所问而出现丑态时,都会吸引他们的注意力。或者,当你为少数领悟力较差的学生耗费时间讲解一些简单的问题时,早已了解这些问题的学生就会不耐烦地抗议:"哦!哦!"事实上,在大部分的时间里,不管是老师站在台上讲解、发问或讨论,大多数的同学根本心不在焉。譬如有人做白日梦,有人传递纸条、写信、低声呢喃,有人打暗语聊天,有人在纸上或桌上胡乱涂鸦,或无聊地挥举双手。

尽管被抓住也很尴尬,可是他们还是会继续走神。因为虽然我们努力使课堂变得生动有趣,但它依然是一个枯燥、乏味又不安全的地方。学生们总是在试图逃离,而走神就是他们逃离的唯一方法。

一位老师所能顾及的,应该在于他是否真正努力教学,而不只是让每个学生保持安静,或认真听课。老师在课堂上讲课,就像手持照明灯踽行于夜森林的人一样。他的照明灯照到哪里,被照到的生物就马上警觉他的侵入,于是便失去了在黑暗中那种活跃自如的动作。因此,他在照明灯下所看

到的情形，并非是原来的面目，而是早已经被调整过的行为。换句话说，只要他提着照明灯走路，他就永远无法看到森林里夜晚的真正景况。

教室里的情形也一样。如果老师能够用心地对学生施予个别指导，深思学生所提出的问题或他所要讲解的内容，他便没有余力顾及其他人的行为。何况当他发现有学生在课堂上做一些不该做的事而加以阻止时，这些学生因为深知老师终将走回台上继续讲课，所以在老师离开之后，他们仍然会故态复萌。而巡查教室的教官通常也不太容易发现这些情况。为什么呢？主要是他们逗留在教室前的时间过于短暂，以致无法看到学生的自然表现。即使有人花费时间观察学生上课的情形，也往往会顾此失彼，难以兼顾，例如，投注过多的时间去观察老师而忽视了学生。师范学校毕业的实习老师，通常有一段观摩教学的时间，但据他们所说，这段观摩教学的主要目的是学习教学，学习管理孩子的技巧。他们所关心的是学习控制、管理学生，而不是去了解学生。由于他们大部分的时间都在仔细观察老师，而他们所观察到的也只是老师触目所及的部分，以致他们丧失了很多宝贵的学习经验。

如果两位教学经验丰富的老师，共同带领一个班级，照顾一班学生，随时交换意见，彼此讨论对学生的观察心得，这样在教学效果上一定会有更丰硕的收获。不过，学校的预算编列往往只能支付一位老师带领一个班级的费用，而无法做完善的二对一安排。其实，我认为与其让董事会动辄耗费数百万元来提升知名度、争取荣誉，不如支持二对一的方式，让两位老师能获取前所未有的学习经验。每当我想到今年学生在学业上、行为上所表现的成果时，便会升起实行这种二对一方式的想法。或许这会有意想不到的发现！

这提醒了我在单独工作的情况下，老师应该在教室里做什么。3年后我在自己的五年级课堂上越来越多地这样做。就像詹姆斯·赫恩登

（James Herndon）的《在学校求生存》（*How to Survive in Your Native Land*）里描述的一样：首先，老师要努力创设轻松的、有趣的气氛。然后，老师的重大任务就是观察学生们的行为。在萧伯纳的《恺撒与埃及艳后》（*Shaw's Caesar and Cleopatra*）中，克里奥佩特拉告诉她的侍女，恺撒让她允许仆人随便说自己想说的话。当她问恺撒原因时，恺撒回答道："这样你就可以知道他们的本性。"说得太对了。我们要做的就是发现学生的本质特点。翻看装满心理学诊断和学生问题列表的文件夹对此无济于事。我们应该在学校允许的范围内给学生最大程度的思想、言语和行动上的自由，然后观察他们的行为。

如果我们只是观察学生是否在按照我们的要求做事，我们很可能会错过最有意义、最重要的事情。这也是一些有多年教学经验的教师对学生了解很少的一个原因。住家教育往往能取得很好的教学效果，是因为家长有时间也有耐心去了解他们的孩子，了解孩子的兴趣以及孩子们表达情感的方式。只有当教师把他们自己从传统教师角色——老板、警察、法官中解放出来，他们才能充分了解学生并提供最好的帮助和服务。

如果没有什么重要的教学计划，我开始给学生越来越多的时间彼此交谈，或一起完成某个任务。我对他们的了解越来越多，了解了他们的经历、想法和兴趣。这样我就能找到一些方法使课堂更有针对性。在我教他们之前，他们要先教我。

因此，当我从一个女孩跟同学的谈话中了解到她很喜欢马的时候，就送了她一本《玉女神驹》（*National Velvet*），这对她的阅读能力大有帮助。不出我所料，她很喜欢那本书，并且下决心要克服自己在阅读方面碰到的困难。其实她的困难就是恐惧——担心自己无法学会阅读以及由此带来的耻辱。

一九五八年七月二十七日

我们可以很明显地感觉出，多年来，学生已经将学校视为我们随时可以胁迫他们的场所。然而，老师的想法却迥然不同。有责任感的老师认为自己身负引导学生迈向康庄大道、阐扬生命的重任（至少引导他们生命中的部分旅程）——在旅程中必然要付出痛苦的代价，但那是值得的。历史老师总认为了解历史、学习历史是既富乐趣又令人振奋的，并且他以学生能够分享他的知识与学问而深感荣幸。法语老师总是沉浸于赞颂法国文学的伟大、法语的优美典雅和法国食物的美味可口中，而他也设法帮助学生了解与分享美丽的事物。其他学科老师的情形，也大致如此。

身为老师，经常会误以为自己和学生的兴趣基本上应该是一致的。我也曾经有过这种错误的想法。我认为自己在引导、帮助我的学生迈向他们理想前途的过程中，扮演着不可或缺的角色，但我深知这是一趟艰辛的旅程。我始终认为他们能和我一样认清目标，并且急于早日达到目标。我认为必须让学生了解并觉得这一趟旅程是非常值得的，因为我觉得这些学生端坐在教室里听课是渴望学习的，其实并不然。直到最后，我才发现自己是在浪费唇舌，毕竟他们来上学是情非得已的。至于他们来上我的课，可能也是情非得已，也可能是他们即使不来上我的课，也必须去上别的课，而那种情况或许还要更糟糕。

学生上学的心理就像上医院一样。虽然医生强调他所开的药方对这些孩子具有特殊的功效，但这些孩子所想到的却是药味苦涩、效果不彰，说不定还对身体有害。他们总有自己的一套想法和说辞。

结果我所领导的这一群勇敢、坚毅的旅行者，个个都变成肢体被套戴枷锁的囚犯，因为慑于遭受惩罚而盲目地步向不可知的黑暗之路。然而学校的想法是：学校是指引你迈向成功的明灯，教导你待人处事的场所，它随时提醒你不要迷失方向、误入歧途，不要使你亮丽的生命蒙上一层阴影。

对学生而言，他们到学校的主要目的并非虚心学习，尤其是对于老师含混不清的课程。他们只顾做完每天的作业，纵使这是情非所愿或乱笔涂鸦，只要能做完作业就好，他们根本不在乎别的。根据以往的经验，如果他们知道遵循老师的指示将很难完成指定的作业时，他们索性就自我创造，其结果完全违背老师的要求。他们最常用的诡计，就是雇人做作业。不久前露丝的例子，让我开了眼界。当时正在上数学课，本来我为自己没有事先告诉她答案和解题方法以激发她的思考能力正沾沾自喜，却没料到整个过程的进行竟是如此索然无趣。我接二连三地向她发问，所得到的都是她的缄默。她什么话也不说，什么事也不做，只是傻乎乎地站在原位，并不时透过眼镜以一副呆滞痴愣的眼神瞪着我，似乎是在期待什么。这使得我必须提出更简单的问题来问她，并做更多的暗示，直到我认为她一定可以回答相当简单的题目为止。就是这样，我们的问题对答进行得很缓慢，直到我突然发现她对我所提出的问题已不再觉得疑惑不解。事实上她根本没有思考我所问的问题。她始终在很冷静地观察我，试探我的耐心，并等待我提出下一个更浅显易懂的问题。这时，我恍然大悟地喊着："我终于明白了。"原来露丝是在迫使我帮她回答问题，正如她应付以前的老师一样。我想，假如我始终没有告诉她答案，那她必定会僵持到我继续提出别的问题，甚至给出解答为止。

学校与老师们似乎和我一样，并不了解学生所使用的诡计，否则他们将会严格上课，并指定功课，使那些真正用功的学生有最好的学习机会，也使那些喜欢使用诡计的学生无法得逞。但是事实却相反。学校的做法大多偏向那些投机者——不惜任何方法以获得"正确答案"的学生。那些靠着自己的思考来解题的学生却得不到帮助。这就是说，学校生活往往不适合那些善于思考的学生。

直到最近，我才明白好学生和坏学生对于功课的态度原来有如此大的差异。最初，我以为他们的想法应该仅止于解题技巧的微小差异而已，现在我逐渐明白小孩子若过于强烈地感受到失败的恐惧和压力，他们将会产生特殊的思考和行为，甚至改变原来的信心和意念。艾米莉的情形就是一个很好的例子。她是一个聪颖但极端情绪化的孩子，她从来不检查已做完的功课，也从来不将自己的想法和事实加以比较，更不愿意调整自己的想法。她这种行为与动物企图脱离险境的反应颇为类似——动物在面临险境时会头也不回地拼命逃窜，更奇妙的是，动物对于所经历的险境永远铭记在心，而且终身忌惮，不再靠近。我怀疑多数的学生对于恐惧的反应，也和这种情形一样吧？

一九五八年九月二十二日

学生想要了解学校的老师，并不需要花费冗长的时间。班上有些学生已经知道，跟我们在一起时他们必须准备很多话题，储存很多想法（即使他们的想法并不尽成熟）。那么，我们应该如何对待那些善于思考，却拙于言辞的学生呢？

每当上数学课时，我的内心便充满了矛盾。一方面这是因为我要求学生必须用心思考，即使我出的题目过于艰深，他们仍然必须尝试去了解我的意思。拿今天早上来说，他们只看懂我题目的片面意义，就随便提出一个错误的想法，不过这要比没有任何想法好。另一方面，是因为他们仔细地分析题目，以便当我问他们时，大部分同学都能肯定地回答，但这不正是在剥夺他们的思考机会吗？就像过去我对露丝所犯的错误一样。

对于这个问题，我实在想不出有什么合适的方法，不过我想"有时提出较为艰深的问题，有时则提出较为简单的问题"这样倒不失为一个良策。

> 麻烦的是我老是提问太多问题。慢慢地我学会了闭上嘴巴，不再试图找出学生到底理解了多少。我们应该让学生自己决定何时发问。有时候他们需要很长时间来决定问什么问题。不停地测试和检查学生的理解程度不是教师而是学生的任务，并且也只有学生才能完成这个任务。教师的任务在于当学生提问时，回答他们的问题，或者在学生寻求帮助时，尽力帮助他们更好地理解。
>
> 我们在努力地发现学生到底理解了多少，以便更好地帮助他们。然而他们会觉得这种理解能力的测试无异于学校里其他考试，只会让他们更加紧张，更加困惑。

一九五八年十月十三日

那一天，六年级的老师说去年那批靠策略取胜的孩子仍未改变。关于这一点，我们不必太失望。我们都知道这些学生所想出来的诡计很容易出纰漏，也很容易被察觉。因此，对于抢答者和取悦老师的学生，只要稍加时日，创造适当的环境，让他们变得善用心思，甚至有些人会运用新的思考方式举一反三。当然，我们很难期望所有的学生都是如此，因为大部分的学生很可能又会施用那些他们惯于使用且驾轻就熟的投机技巧。

在短暂的一个学年里，要求学生调整他们的行为习惯似乎是不可能的。我们只希望部分学生能体会出：积极主动的思考比保守消极的作为更有意义。但愿他们会喜欢这种经验，而且愿意尝试，但这只是我们的殷切期望而已。另一种方法是，我们可以为他们介绍文明国家的风情，甚至鼓励他们亲历其境。不过，这是一条相当遥远漫长的路程。我想我们还是先训练他们成为堂堂正正的现代公民吧！

到底用什么方法教导这些学生呢？似乎没有固定的模式。如果从他们踏进学校的第一天开始，我们就提供一个具有创造性的环境，启发其智慧，培养其思考能力，这当然是最好不过的了，但是这种效果也并非是绝对的。

以山姆为例。他看似是一个禀赋优异、善于思考的孩子，事实上，他却很少用心思考。有一天我在黑板上写了一些数字，叫学生告诉我这些数字彼此间的关系，山姆看了两三遍后说："最上面一行有一个数字，中间一行也有一个。"从以上的叙述中，可以看出他的观察显得琐碎、缺乏组织性和系统性。但在这其中，他却提出一个铿锵有力，连我都想不到的归纳概念。

令人发噱的是，我肯定他从不觉得自己的想法超乎别人。有一天，他说："因为牛和马都是食草动物，所以它们属于同类。"隔天他又说："由于它们不受支配，或具有类似这种特性，所以它们是同类。"当我们在观察、分类事物时，我们如何使他们了解某些方法比其他的方法更为有效、更为适合呢？

首先，我们必须让学生克服恐惧发问的心理，而且，我们必须确立某些问题比其他问题更有效用的概念，如果你问对了问题，你可能受益匪浅。某一个科学家曾做了一项"问问题"的实验：当他提出一个问题之后，他能从对方的回答中获得一些启示，以使他对下一个问题有基本的概念。因此，他的每一个问题其实就是一个线索。这是一种灵巧微妙的艺术。诸位老师是否能从中获得某些启发呢？

上一次南希和莎拉在做天平实验时，她们几乎每次都说对了答案，但是从来没有一次完全答对。因为她们从不牢记实验结果，也不动脑筋思考。有一次，她们之中的一人说："砝码的重量稍稍重了一点。"对她们而言，这种情形已经算是相当有进步了。不过，她们一直想不出任何可以找出症结、突破瓶颈的方法来，以致她们仍然无法测知砝码到底重了多少。

比尔和我犯了一个很常见的错误，那就是我们认为学生成绩与思维技巧有关。学习好的学生具备好的思维技巧，而那些学习不好的学生则不具备，所以我们的任务就是教给他们思考方法。然而那些学习不好的学生根本不会尝试去学这些技巧。他们在做一些完全不同的事情。他们对学校和学习任务有完全不同的理解。在他们眼里，学校是一个危机四伏的地方，而他们的任务就是逃离这些危险。他们的工作不是学习，而是逃离。

3年后，我在另一所学校里做阅读课教师，当然我还同时在做其他事情。我说服学校在一年级学生中使用加德尼奥的《彩色的字》（*Words in Color*），这是非常有创造性的一套学习材料。在这套书里，每一个字都有自己的颜色。

我教的学生里有一个7岁的小男孩。他不想学认字并且拒绝别人教他认字。我对他进行了单独辅导。我的方法是利用从《彩色的字》里面的表格中剪下来的字母组成短的音节，然后让这个男孩来读。我现在觉得如果让他来组成音节或单词，我来读，可能会更好。我们偶尔也会那样做。

我会把那些字母组成一个单词，比如"PAT"，然后让这个小男孩来读，他读了。下一步，我会把字母"P"换成"C"再让他读。加德尼奥把这种做法叫作"替换",就是要让学习者懂得单词中一个字母的改变可能会改变整个单词的读音。这个小男孩可以正确地完成三个或四个这样的替换,虽然有点儿慢。但是我现在想,这意味着他会认字,并且能够理解阅读是怎么回事。然而很突然地,他就会蹦出一个毫无意义的音节,并且经常是同一个无意义的音节。我们可能正在练习跟"I"或"T"完全没有关系的单词——比如说,"RUN、FUN、BUN"等。突然,当我让他读一个单词时,他会说"Stut"。我让他再说一遍,他会清楚而镇静地说"Stut"。

这个单词会吓我一跳。正当我想着他终于明白了,他终于知道单词和发音的规律了,这个奇怪的音节就会跑出来。他怎么会犯这样的错误?这是什么意思?我该怎么办?

我花了好几个星期,甚至是好几个月才搞明白。当这个男孩说"Stut"时,他并不是说错了。他是在创设一种新的情境。他一直在完成我交给他的任务——读出我放到他面前的单词。现在他要做点儿不一样的,他要休息了,他要给我点儿事情做,也就是要我思考为什么他会说出"Stut"这个词以及我该怎么办。之前是考他,现在是考我了。可能是他看我的方式提醒了我。当他看单词的时候,精力集中还有点儿紧张,可当他看着我的时候,非常镇静还很好奇。他在等着看我会怎么办。他控制了我,而不是相反。

因为当时我已经知道了学生们采用察言观色的策略,所以当我给他一个词辨认的时候,我会扭过头去,不让他看到我的表情。如果他读错了,我只是坐那儿等着,等他再读一遍。我什么也不会说,我要让他来掌握学习的速度。但是当他说"Stut"时,我通常会转过头来看着他。慢慢地,我不再这样做。当他说"Stut"时,我会依然坐着不动,等他的反应。通常会有一两分钟的沉默,然后,他也休息够了,就会意识到又是考他的时候了。过一会儿，他就会接着学习了。

给这个小男孩做的各种辅导效果都不好，我当时不明白，现在理解了。他会认字，会读简单的单词。他只是不想读，只是在拒绝认字。如果我当时为他读一些他喜欢的书，或者让他默读，在他需要时解释一下单词的意思——而不是向他提问、讲解意义、练习发音——会更好。

一九五八年十二月七日

做习题的一些诀窍

阿特拉斯（Atlas）练习的第二道题目是："试找出每一页阿特拉斯索引的两个关键词，根据这两个词你能立即知道该页所列载的名称吗？"首先，我们认为这些学生早已注意到每页开头以较粗字体罗列付印的名字——与字典的编印方式一样。艾比和珍都不了解这个暗示，因为他们只是一味地想求得答案而忽视了书上的暗示。我曾尝试以解答例题的方式来提醒他们，但并没有起到任何作用。最后，我只好叫他们回到位子再仔细思考。过了一会儿，珍勇敢地站起来但有点儿不耐烦地说："你确定这一页也有两个关键词吗？"我听后吃了一惊，于是怀着讶异的态度回答："我什么时候这样说了呢？"她顿时回头向艾比说："写下来。"看来她已经找到了她所要的线索。

一九五九年三月二十一日

现在我要谈谈一些学生做度量衡实验的经过（我在五月八日的短笺中曾提过）。有一个学生将砝码放于他认为能平衡的位置，其他同学轮流猜测砝码是否可以平衡。

艾比：我想，砝码应该往那一边挪一点儿，但是不要太远。

艾伦：我想刚开始时可能会稍稍晃动，然后才能平衡，不过也不一定（事实上他把所有的情况都猜到了）。

瑞雪：可能会平衡。

皮特：一定能平衡。

下面还有一个例子。我们说 $4\times5''$ 的意思，是指在天平上距离 5 英寸（1 英寸 = 2.54 厘米）的地方放置 4 个砝码。$2\times?$ 则指我们给学生两个砝码，如果他们所摆放的位置等于 $2\times10''$，那么天平就可以保持平衡了。

"$4\times5''$；$2\times?$" 艾伦做这个题目时，她原来将砝码放在 2 英寸的距离，又换到 1 英寸的位置，最后停留在 9 英寸的地方。我问她说："你确定吗？"她回答说："是的，但是我觉得这不可能达到平衡。"然而实验的目的，就是要使它达到平衡啊！她仍然没有移开放在 9 英寸位置的砝码。

随后她问别的同学说："这样可以平衡吗？"希特说："我想会的。"

$8\times2''$；$4\times?$

瑞雪（她犹豫不决地将砝码推前置后）：这样可能不会平衡。

巴巴拉：那么就把砝码放在你认为会达到平衡的位置。（巴巴拉是几个善用技巧的学生之一，她凡事都讲求投机取巧。）

瑞雪将砝码放在 1 英寸的距离。不用说，这根本不可能达到平衡。

$3\times2''$；$6\times?$

希特将 6 个砝码分开来放置，他似乎很渴望其中一个砝码能侥幸地立于支点而使天平达到平衡。

下面轮到巴巴拉进行实验。每个人都预测天平会达到平衡。

$2 \times 3''$；$1 \times ?$

她先将砝码放在 5 英寸的地方，再以直线测量，代替使用距离计算。随后，她又将砝码移到 6 英寸的位置。除了希特之外，每个人都预测天平可以达到平衡。

$1 \times 10''$；$2 \times ?$

巴巴拉回答：$2 \times 5''$。她很自信，声音中充满喜悦（一面动手做）："对，就是这样。"

艾伦：如果你放在 1 英寸的距离，重量就比较轻；放在 5 英寸的距离，就会比较重。

轮到格瑞时，他说："我觉得应该再放远一点儿，那会比较安全。"

$1 \times 10''$；$1 \times ?$

贝蒂将砝码放在 10 英寸距离的地方。

吉尔：你可以再放远一点儿，然后再移回来。

格瑞：这样差不多可以达到平衡了。

贝蒂：我想可能会达到平衡。

$4 \times 6''$；$4 \times ?$

瑞夫将砝码放在 6 英寸的距离，但是这一组的同学中有两人认为不能达到平衡。贝蒂开口说："我认为会达到平衡。"这种猜法可以预防万一，分数也不致太低。这又是前面曾说过的"小击大"的诡计。

我们的记分方式是，同一组中只要有一个人猜对，该组就可以得一分。他们宁可耗费时间想出得分的方法，也不愿思考能使天平保持平衡的方法。我们也希望他们都能真正用心思考平衡的问题，只需将得分视为思考的原动力即可。殊不知学生却比我们更精明，他们只在乎得分技巧，却不顾天平是否保持平衡。

$4 \times 9''$；$4 \times$?

山姆将砝码放在 9 英寸距离的位置。瑞夫说:"他不信任我,但我信任他,因为我也要将砝码放在同一个位置。"

后来,山姆对其他同学说:"只管大胆地放在你认为正确的位置。"而凡事总想稳操胜算的贝蒂却说:"摆放砝码时,一定要三思而行。"

为了保持胜算,贝蒂想出一种得分的方法,就是将砝码放在她认为一定不对的位置,然后请组员一起大喊放错了。这样他们就能够得分。

下面是另一组同学所进行的实验。

$4 \times 8''$；$4 \times$?

东尼将砝码放在 7 英寸的距离,然后问:"你们反对放在这个位置吧?"于是又将砝码移到 8 英寸的位置。这时所有的同学都做了肯定的猜测,只有奈特犹疑不决两面下注。

后来轮到奈特猜了,他说:"这一回我不能再模棱两可了。"

值得注意的是,几年后的一天,我把天平和砝码放到教室后面的一张桌子上,当时我什么也没说,也没想教他们做什么。大部分学生,甚至包括一些学习很不好的学生,摆弄了几下就能做出来了。

一九五九年四月二十八日

这一篇是记载某日四年级学生玩"二十个问题"的活动情形。

鉴于很多同学轮到要提问题时,都显得惊惶紧张,我们设计这种"二十个问题"的游戏,主要的目的就是让他们学习提出具有价值与用途的问题。

但学生的心里却揣着不一样的想法:"当轮到我时,我必须提出问题。"他们对这项游戏的目的丝毫不感兴趣,也不在乎他们所提出的问题是否能获得有力的线索。事实上,要想出一个问题并不困难,令人担心的是:第一,当轮到你发问时,你可能会因过度紧张而呆住,以致脑中一片空白,一个问题也想不出来地愣坐在位子上;第二,当你好不容易想出一个问题时,其他同学可能会认为你的问题滑稽可笑,在一阵嘲讽之后再冷冷地说:"那个问题不好。"

因此,你不只需要想出一个问题,而且这个问题必须获得赞许。很多同学认为玩这个游戏的最好方法,就是注意倾听那些成绩优异的同学所提出的问题,再提出和他类似的问题。因此,如果一个学生发现"这是水吗"是一个很有用的问题,那么就算话题已经转移并与"水"毫无关联时,他仍然会绕着"水"大放厥词。

班上有很多学生都采取相同的玩法。帕特、瑞雪和其他学生从不在乎这项游戏的真正目的,也不关注从已提出的问题中获取什么信息。他们所关心的是,当轮到自己发问时应该如何避免提出让同学贻笑大方的问题。杰西的玩法更保守,她从不提出任何问题,每当轮到她发问时,她总是说"我放弃",然后表现出一副宽慰得意、如释重负的样子。

有人给我们的《成长免教》杂志写信,讲述他小时候做拼写时的诡计。当老师要求他拼写一个不太确定的单词时,他就站起来——什

么也不说。他不猜，也不提问，只是沉默。其他学生，本来会嘲笑他的错误答案，现在对他的沉默反而有点儿敬仰。很明显，这没有给他带来任何不利，因为他的老师并没有看出来他是在挑衅。这真是一个不错的选择。

比尔和我也碰到过这样的学生。他们很清楚老师不希望他们保持沉默，可是他们依然觉得这是最保险的做法。

另一种流行的游戏技巧就是瞎猜。采取这种玩法的学生在游戏开始时，就对每个问题瞎猜。不过，有些同学认为一开始就瞎猜是不智之举，聪明的做法是将猜测的范围缩小。同时，他们也很严厉地规定同组的组员不准妄下评断。因此，这种玩法就变成了猜答案的问题，而不是真正的问题猜测。像奈特所提出的"他是被布鲁特斯所杀的吗"这个问题早已经成为他们那一组的笑柄了。但是他的问题仍难免带有猜测答案的成分。

有一天上地图课时，我把游戏的范围划定为地理位置。山姆本来想问："它是不是意大利？"不过因为这是结论，所以他只好将问题改成："它看起来像一只靴子吗？"每次轮到他时，他总是说："我可不可以得出结论？"他从来不使用缩小范围的方法，事实上，他根本不知道如何使用、如何发问。

贝蒂的问题则包含了多重的猜测，她认为答案可能是科西嘉（Corsica，意大利西海岸的岛屿，拿破仑一世的诞生地）或萨丁尼亚（Sadinia，地中海上的一个岛，属意大利），因此她就问："是字母C或S开头的吗？"还有一次她问："是字母B、D、C、P或T开头的吗？"这是一个不错的方法。有时她还会提醒同组的同学，发问时千万不要说："可能是吗？"一定要说："是……吗？"显然，她很精明。

有时候我们尝试"二十问题"的游戏范围为猜数字。有一天，我对学生说我心里想了一个数字，它介于 1 和 10000 之间，请学生找出这个数字。因为数字介于 1 到 10000，因此学生使用了缩小范围的方法，将它缩小到 1 到 100 或 1 到 500 之间。很多同学都从前面的数字开始猜，即使我提醒他们这是一个很大的数字，他们仍只会猜 65、113、92 等数字；有些同学则将范围缩小到他们认为可以下结论的极限范围。他们对猜题的信心，令人感到惊讶万分。他们总是满怀自信地说："这次我一定猜对了！"却不相信自己会有马失前蹄的时候。

至今他们仍认为最好的答案，就是"正确"的答案。这无疑是错误教育导致的。这种教育教导孩子只有"正确"答案才是值得争取的。这些孩子没有学过如何从错误中吸取教训。每次他们问："这个数字是介于 5000 到 10000 之间吗？"如果我肯定地回答，他们便会欢欣雀跃；如果我说不对，他们就显得颓丧无奈。其实，不管我的答复是对是错，他们所能从中得到的线索是一样的。游戏中，我们常会发现有些同学不断地重复别人已经提过的问题，为的是能够听到一声"对"，进而产生满足感。即使同组中有些较聪明的同学指出，当你已经知晓答案的时候就不要再问这些愚蠢的问题了，但也是白说。

有一个非常简单的问题往往被大家忽略，那就是，老师做的事情里面，有哪些会帮助学生学习？又有哪些会妨碍他们学习？我们很少问这类问题，因为大家想当然地认为老师教的所有东西都会帮助学生学习。如果学生没有学到东西，那也是学生的问题。因此，我们需要思考的是应该让学生们学什么。

一旦我们认识到老师教的有些东西是有帮助的，有一些是无益的，还有一些根本就是有害的，我们就要搞清楚哪些有益，哪些有害。但是也只有老师才能提出这样的问题，并根据他们与学生的互动找到答案。很多对教育问题的研究都只是哗众取宠，解决不了实际问题。

除了经济学，教育可能是最大的理论和实际脱节的研究领域。很少有人去检测理论是否正确并做出修正。

在我们刚开始给五年级学生上课时，比尔和我就已经意识到，班里学生学习不好的原因在于他们错误的思考方法和解决问题的策略。不过，后来我才认识到，正是我们，作为教师的我们，造成了学生错误的学习策略。学生们选择那样的策略是要应付我们，而不是学习数学、阅读、拼写、历史这些课程。

后来，在另外一所学校，我开始思考，怎样创设一个自由的课堂，学生们没有思想负担，就像他们小时候一样，对这个世界充满求知欲。对于一个教师来说，这是最重要的任务，要让学生感受到这个世界有趣、令人激动的一面，同时要让他们觉得这个世界是透明的，他们可以自由地表达自己的情感。

住家教育者就是这样做的，在我的另一本书《自己教孩子》（*Teach Your Own*）中讲到过他们具体的做法。学校的老师也可以从他们的经历中获得一些启发。

第二篇 恐惧与失败

以前当我写到避免孩子们互相伤害时，我想的更多的是精神上的伤害，虽然孩子们经常受到身体上的伤害，即使是在低年级。有很多人——包括前任或现任的教师、实习教师以及家长都跟我讲过他们在教室里见到犯错误的学生被其他学生，甚至被他们的老师嘲弄。大部分学生很担心受到同学和老师的嘲笑。

当我开始教五年级学生时，就下定决心要改变这种状况。我这样想更多是因为自己喜欢学生，我不想看到他们冷酷无情地对待同学，而不是因为什么理论的指导——比如说，这样做有利于促进学生的学习。不过，后来我才发现真有这样的理论依据。

我班里很多学生四年级时就在同一个班，他们的老师很聪明，也很有亲和力。不过，像很多老师一样，她觉得自己在教室里应该代表着权威和纪律。她对学生很好，大部分学生也很喜欢她。但是，很明显，她从来没想过阻止孩子们对彼此造成伤害，除非这种伤害行为破坏了正常的课堂秩序。首先，她可能是这样想的："我管不管这些事有什么区别呢？我要做的事已经够多了，干吗还要管这些？"

其次，可能像很多成年人一样，她也认为小孩子天生就是"残忍的"，除了设定一些行为底线外，她对此也束手无策。或者，因为只是关注学生们是否在按照老师的要求做事，她根本就没有注意到学生们之间的交往。就在一年前，我的一个朋友告诉我，在本地区"最好"的学校之一，她朋友10岁的女儿很不幸地成为了同学们冷落的对象，全班同学合起伙来不跟她说话。这种情况持续了好几个星期，他们的老师竟然一直没有注意到。

当然，这些都是后话。当时，在新学年刚开始的时候，我们班的学生特别热衷于打小报告。他们经常跑过来对我说："霍特先生，某某说什么了，或某某干什么了。"我特别讨厌他们这样，简直忍无可忍。所以，当他们跑来跟我说的时候，我就会看着他们的眼睛，温和而坚定地告诉他们："管好你自己的事情。"他们通常会张大嘴巴，显出很震惊的样子。我只能再说一遍："管好你自己的事情。"有时候我会加上下面的话："很感谢你来告诉我，我知道你是想帮我。不过，我自己会看（我会指一下自己的眼睛），自己会听（指一下自己的耳朵）。我自己看到听到的已经足够了。所以，除非有人真的受伤了，或者是用三根手指抓着窗户，挂在外面（我们的教室在三层），否则不要来向我报告。"他们通常会满脸疑惑地走开。他们的班级怎么回事啊？不过，他们学得很快，没几个星期，这种小报告就消失了。

我要再次强调一下，当时并没有理论告诉我，在一个合作型的班级里，学生们可以从彼此身上学到很多东西。如果有人向我提出这样的建议，我可能还会怀疑。我只是想阻止这种行为，阻止学生们彼此之间的猜疑和打击，因为它破坏了我在教室里的好心情。其实不光是我的感觉，同学们也很乐意不再这样做。后来，他们的班级很团结，我也知道了在一个团结的班级里，同学们可以有这么多收获。他们互相帮助，互相学习。在这个过程中，我只是起了引导的作用，提供了所需的空间和时间，然后就很高兴地看着发生的改变，并且让学生知道我很乐意看到这样的改变。

对于学校和老师来说，做到这样并不难。比起正在做的研究，这样做一点儿也不会多花钱。唯一的问题是，如果学校还没有将其制度化，这样做的老师很可能会惹麻烦——像我和赫恩登一样，就像所有对秩序的理解①与学校不同的老师们一样，我们都有这样的困扰。

  为了更清楚地阐述我对秩序的理解，接下来我要讲一下 Q 规则。

  在第一所学校，也就是我和比尔·夫一起工作的学校，比尔越来越多地把班级交给我管理，因为他当时正忙着和另外一两个老师做一项低年级学生数学学习的研究。到年底的时候，确切地讲，那已经是我的班级了。跟他相比，我可以容忍甚至是喜欢更吵闹的课堂。但是这就产生了一个问题。我希望学生们有更多的机会相互交流，但是孩子们精力太旺盛，很容易变得激动。我要想办法控制他们的吵闹，并且能够让他们在需要的时候马上停下来。我不喜欢永远安静的课堂，可是我也不希望需要大喊才能让他们安静。

  因此，我发明了 Q 规则。我向学生解释了为什么需要发明 Q 规则。我说自己很希望给他们交谈的机会，只是有时候他们谈话的声音太大了，并且有时候我需要他们安静，以便宣布或说明一些事情。所以，我希望大家安静的时候，就会在黑板的一角写一个大写的 Q（Quiet，即安静），这时，大家就要遵守学校的规定：除非举手并得到许可，否则不得说话。我在一块很大的纸板上，写下这个规则：当 Q 写在黑板上的时候，除非举手并得到允许，任何人不得说话。这就是 Q 规则。当 Q 在黑板上的时候，如果有学生说话，我会在他名字的旁边打个钩，这叫作"给他们记个 Q"。惩罚就是，下课的时候，他们要先抄写 Q 规则，几个 Q 就抄几遍，然后才能去玩。

  后来我把 Q 规则缩短了一点儿，因为我不想占用孩子们太多的休息时间，一方面是因为这段时间对他们来说很重要；另一方面，Q 惩

---

① 编注："对秩序的理解"，此语出自华莱士·史蒂文森（Wallace Stevens）的诗《西尾岛秩序感想》(*The Idea of Order at Key West*)。

罚的意义也只是在于它的"折磨"意义。也就是说，你必须花时间来完成这件事情，哪怕是一分钟。当别人冲到操场上开始玩的时候，你还得在教室里抄写那个无聊的句子。一分钟已经足够起到威慑的作用，甚至比五分钟的效果还好。

　　这就是Q规则。刚开始把Q写在黑板上的时候，我把它圈在一个角落里（见插图）。孩子们非常聪明，从此以后他们就认定这个Q只有被圈起来才有效。我也默认了这一点。慢慢地，我们形成了一种很有趣的习惯。当我开始写Q的时候，他们还是小声嗡嗡地说话，然后声音越来越大，当我要把Q圈起来的时候，他们简直就是在尖叫了。但是，一旦粉笔触到黑板的边缘，也就是圈画完的时候，马上鸦雀无声。

　　当时我也想到我们在习惯了Q规则以后，是不是要对Q前的尖叫采取点儿措施，但是我没有。首先，我喜欢这样。它说明了孩子们是多么富有创造力。他们能从最简单的事情中发现乐趣，甚至是他们不喜欢的事情。另外，我也意识到，刚开始是感觉，后来经过思考，觉得确实是这样。尖叫也是促成Q起作用的部分原因。孩子们用这种方式使Q不光是我的发明，同时也是他们的。正因为他们参与了规则的制定，他们才会尊重并遵守这个规则。

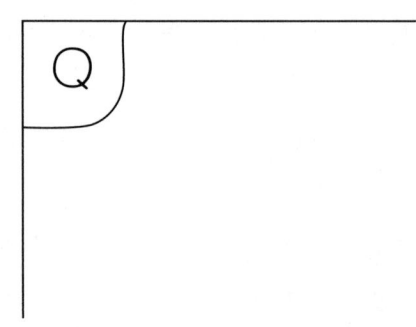

　　后来，我意识到自己真正想要的并不是沉默，而只是安静，我就对Q规则做了一些改动。当我在黑板的一角写上小写的q时，表示小

声说话是允许的，但是如果大声说话，仍然要按 Q 规则执行。

一年以后，在另一所学校，在我自己负责的五年级课堂上，我又一次向学生们介绍了 Q 规则。我告诉他们我是在以前的班里发明了这个规则，我向他们解释了为什么发明这个规则并且告诉他们这个规则很有效。别的就什么也没说。但是，在我向他们说明该规则一两周的时间里，这个班级也发明了 Q 前的尖叫。刚开始，孩子们只要看到我开始写 Q 就会声音越来越大。后来就变得跟原来的班一模一样。开始是小声说——我会写得尽量快——最后会成为尖叫，当我把 Q 完全圈起来的时候，叫声会戛然而止。

当时我很惊奇，也很高兴。现在，我敢肯定，只要是在一个自由宽松的班级里，如果老师实行 Q 规则的话，孩子们很快就会发明出 Q 前尖叫。我希望老师们能明智地允许他们尖叫。

在后来的那个班里，孩子们只有一次以身试法。当时那个班和上个班比起来已经更随意，同学们跟我在一起也很自在。有一天，当我已经把 Q 写完的时候，仍然有几个胆大的学生在说话，甚至包括几个我最喜欢的学生。我开始很生气地在他们的名字旁边画钩。其他学生都在看着，然后也开始说话。造反了！事情变成了"让我们来看看霍特先生画钩的速度能有多快"。过了一会儿，我就知道是怎么回事了，我停下画钩的笔，对同学们说了这样一番话："同学们，我知道你们想干什么。你们是想看看能不能破坏 Q 规则。答案是肯定的。只有在你们觉得公平可行，并且愿意遵守的时候，规则才会起作用。问题是，如果没有了 Q 规则，我们用什么来代替它呢？我总得找个办法来让你们安静下来。我很愿意让大家交谈，尽管有时候会变得很吵。但是我一定要能够控制你们的吵闹。如果没有 Q 规则，我就只能像其他老师一样，根本不让大家说话了。"我继续问他们是不是觉得 Q 规则不公平。没人这样认为。我问他们是不是想改变Q规则，也没人愿意改变。我接着说："那好吧，我们重新开始。你们已经证明了，只有你们愿意遵守，这个规则才会有效。现在我就把这张纸扔掉，我们仍然按老规则执行。"之后我们就一直在这样做，他们再也没有挑战Q规则。随着时间的推移，课堂已经变成了大家的课堂，而不是我自己的。孩子们越来越能控制自己的吵闹，Q规则使用得越来越少。事实上，当我真用的时候，往往是孩子们自己希望能够安静一点儿，而要求我写上去的。

但是太多的学校还是认为秩序应该也必须建立在恐惧、威胁和惩罚的基础上。他们宁愿要基于恐惧的秩序，即使不怎么有效，也不愿意要真正有效的基于孩子们合作的秩序。

一九五八年三月二十七日

我们不能否认，所有的孩子都渴望成功。但是我们对于"成功"的意义是否有相同的理解呢？我认为，"成功"不应该是轻而易举、一蹴可几的，并且"成功"不是永恒的。"成功"意味着克服障碍——包括突破消极的想法与观念，即从"我不能"变成"我能，我可以办到"。

"我们不可能永远成功"，对此我们早该有所准备。一位优秀的棒球打击手，他的平均打击率必须高达三成，然而在他一生的打击生涯中，大多数时间却低于这个平均数。人生失意之事十有八九，我们岂能不随时有面对失败的心理准备？另外，我们也必须订立稍稍超越自己能力的远大目标。每个人的目标都应该超越自己能掌握的境界，否则这个世界如何趋于美好和进步呢？今天我们还无法达成的目标，也许明天我们自己或别人就会达成，而我们的挫败经验也许可以为别人的成功铺路。

我们应该尽量避免让学生遭受连续失败的打击和挫折，更积极的做法是，我们应该让学生了解遭遇失败是值得的，是具有启发性的，而不是丢脸的事。或许，对于"不成功"与"失败"两者，我们需要有一个语意明晰的区分吧！

假设我们替那些成绩不好的学生整理功课，让他们一直有成功的感觉，难道他们就真的成功了吗？我们又如何永远保有这个秘密？其实，这些学生亟须亲自做事的磨炼和经验，这样他们才能建立信心，证明自己有能力做任何事，而不需假手他人。他们所缺乏的，就是必须有人从旁提醒他们集中精神和培养毅力。

我写这篇日志的时候才刚开始和比尔·夫合作，当时我的教育理念还很简单，认为只要有一个高标准，老师可以为学生安排所有的事情。我写这篇日志想要说明一个很多学校普遍认同的观点，即让孩子们有成就感的做法就是给他们做那些情不自禁想做的简单的题目。其实这样做的效果微乎其微。如果是我们而不是学生们选择学习任务，那么结果很糟糕的话，学生会认为是老师的原因，而不去考虑任务本身。那么我们就只能用一些过于简单的题目，来保证他们做对，可是因为太简单了，学生们无法从中得到任何乐趣和成就感。

在这里我想说的是，就像"失败"一样，"成功"也是大人强加给孩子的观念。这两个观念就像一枚硬币的两面一样不可分割。想让孩子们不经历"失败"就爱上"成功"是不可能的。

蹒跚学步的婴儿会摔倒，六七岁的小孩学自行车也会摔倒。他们在摔倒的时候，头脑里不会想："我又失败了！"正常的孩子在不断克服困难的过程中，如果摔倒了，他们想的是："哎呀，还不行，再试试！"当他们真的学会了走路或骑车，他们想的也不是："我终于成功了！"他们在想："我终于会走路了！我终于会骑车了！"乐趣在于活动本身而不是什么成功的概念。

事实上，即使对于成年人来说，"成功"（在这里的意思与名利无关）也只适用于那些能够二分的活动——就像猜谜或赢得比赛，是就是，不是就不是；而不是指那些我们在生活中不断练习并有所提高的技能。弹奏大提琴，学习一段（对我来说）很有难度的新曲子，也可以体会到成功。比如，我正在学习的弦乐四重奏——德沃夏克的《美国人》（*American*）和舒伯特的《死神与少女》（*Death and the Maiden*）。我可以给自己设立短期明确的任务，比如学会演奏某几段，对于这样的任务，有时候我就可以说："我做到了！"（虽然一两天之后我可能还会练习这几段）但是我绝对不能说自己在弹奏大提琴方面已经成功了，即使是这几段四重奏的弹奏也谈不上成功。成功与失败之间没有明确的界限。这些词扭曲了我们对自己以及学生做事并力求改进的理解。

认真学习某项技能的孩子，就像我5岁的朋友维塔，她刚开始学习小提琴，不会去想成功与失败，她想的是努力和体会。只有当他们觉得取悦大人变得很重要时，他们才会在意成功与失败。

一九五八年十二月三日

有一天，我决定和另一拨学生讨论一下，当他们遇到不理解的状况时会如何应付。在东扯西扯一阵过后，当我发觉他们显得心情放松、精神抖擞时，我伺机问他们："你们知道吗？我很想知道一些事，但是我不知道你们愿不愿告诉我。"他们回答："什么事啊？"我说："我想知道，当老师问你们问题而你们不知道答案时，你们该怎么办？你们的脑子里会怎么想？"这个问题好像一颗炸弹，整个教室顿时鸦雀无声，每个人的表情都绷得紧紧的，眼睛也不停地瞪视着我。这样僵持了很长一段时间，教室里始终寂静无声。最后，勇敢的宾恩打破了僵局，大声嚷着说："啊！难过死了！"

当他说完后，其他的同学也开始叽叽喳喳地喧嚷起来，而且几乎每个人的答案都一样：当他们不知道如何回答老师的问题时，他们内心会惶恐万分。这种回答实在令我惊异。这尚且是公认的优秀学校，它标榜尽可能不向学生施加压力，不对低年级的学生灌输分数主义，尽量让学生摆脱因激烈竞争而产生的不安，其他学校的情况就更不用说了。

我问他们为什么会这么害怕呢？他们说他们一直都在害怕失败，害怕成绩退步，害怕被老师叫起来当呆子，害怕自己显得很笨拙。为什么他们这么害怕被认为笨拙呢？为什么笨拙会成为同学之间彼此取笑的最坏的名词呢？为什么他们会有这种感受呢？

即使在最好、最人性化的学校里，大多数学生也经常会有害怕的感觉，有些学生甚至随时都处于胆战心惊的境地，这种生活实在令人窒息欲死。那么，针对这种情况，我们应做点儿什么呢？

一九五八年十二月三十日

很久以来，我始终不理解，为什么杰克在踢足球时会频繁跌倒。他很机敏，协调性和平衡感也相当好，可是为什么他老是跌倒在地上？直到有一天，我终于找到了答案。

这个疑惑是有一次我正在练习控制自己因吹笛子而产生的紧张情绪时无意间解开的。我认为音乐极适合老师去研究与学习，因为学习音乐的过程可以使老师了解到学生在教室里长期受到的压力，而多数成年人早已忘却了这种感觉。如果你亲眼看见盖特为老师讲解积木应用的情形，你一定会觉得非常有意思，因为你能清楚看到老师的压力。老师的反应其实和孩子差不多，就是对盖特发怒，拒绝他的构想。他们使用世故的语言，但基本上就如同一个五年级学生一样在听到令人叫绝的想法时惊呼——蠢极了！

我对这种情形，已经观察过很多次了。有些同学对于某种形态的问题可以毫无困难地做一两道题，但是当你递给他整张的试卷时，他就一道题也做不出来了。这种情形和我练习弹琴一样。如果弹完一首练习曲，我的情绪便会显得高昂激烈。换句话说，假如练习曲不长，我就可以趁着昂扬的情绪消退之前，轻松自如地弹完曲子；但假如曲子过于冗长，我就没有信心将它一音不差地弹完。在我弹奏时，内心深处总有一种声音对我评判着："弹到这里为止，一切都还很好。注意升 G 调。啊！好险，你差一点儿弹成升 F 调了……"这个声音越来越大，直到沟通管道被堵塞，我就会因为害怕弹奏而频频出错。

我并没有忘记我要谈的是杰克和他跌倒在地的原因。我发觉有一种方法可减轻因害怕犯错而产生的紧张情绪——假设你是一个初次走绳索而害怕自己掉下来的特技演员，如果你失足过一次，相信你就不会再怕了。那些害怕做错事的学生，每次做事之前都紧张兮兮的，他们总是担心自己会犯错，反而不在乎自己已经犯了错。因此，当你告诉某个学生他做错一道题目时，你通常会听到他松了一口气，然后说："我就知道这一题错了。"他宁可知道自己已经做错，也不愿意受到对错不明的猜测的煎熬。

杰克跌倒的原因也有同样的心理，因为跌倒可以让他从踢球时高度紧张的情绪中得到几秒钟的舒缓。他身材矮小，因此，他很害怕被大个子撞倒，但他更担心别人看出他的恐惧心理，致使他放弃踢足球。这就是情绪紧张的原因。但是身为一个男孩子，他又不愿意像女生一样畏缩着退出球赛，或故意闪躲大个子的冲撞，所以他常常跌倒。这样一来，他就可以有正当的理由休息一两分钟了。

在第二年我教的五年级班里，身体最强悍的学生当中有几个女孩子。当时，判定一个人表现或承认自己胆怯的标准，对男孩和女孩是不一样的。现在，这种区别不如当时明显。

这种情形使我联想到他们写作业的情形。有人说学生并不害怕一大堆功课，这种说法应该也有可能。假设学校规定每位老师必须在规定时间内做完10页题目，并且不能有错，否则他将被革职，我想纵使规定的时间足够让他们做完所有的题目，甚至还有多余的时间可以检查答案，但似乎没有一个老师有把握自己不会做错。这种忧虑会逼得他们情绪紧张，直到信心完全崩溃瓦解，就像前面所述的弹琴的情况一样。不知道你是否也有过下列的经验：当我们反复检查刚做完的简单的数学题目后，你会发现自己的答案愈看愈不顺眼。如果我所面对的测验和学生一样多，我想我的情况一定也和他们一样。

学生也许有必要多做练习，尤其是数学，但我认为一次不应该做太多。如果你规定学生必须在某段时间内做完一份习题，那么紧张和厌烦的情绪势将逼他们犯下很多愚蠢的错误。对于那些最早交卷，却又错误最多、分数最低的学生，我始终觉得很困惑。我总是提醒他们：如果你们能利用时间检查几遍答案，不急于交卷，你们一定能多做对几个题目，多得几分。这只不过是老师习惯性的忠告罢了。学生一旦交卷之后，他们紧张的情绪也就随之消除了，而成绩的好坏，只有交给命运之神了。虽然他们有时仍会担心自己会不会不及格，但这已是另一种宿命的忧虑，而不再是带有不确定的选择的焦虑了，看来他们只有等待结论的选择，而别无他法了。尽管担心自己所做的事的正确与否会很痛苦，但是面对选择做与不做的矛盾，将更令人觉得痛苦难熬。

只有学生们可以自己决定什么时候写作业以及作业的数量时，他们才有可能从中获得一些安全感。当我们给学生留一些数学作业，希望能让他们感到自信和安全时，造成的结果可能是相反的。这些作业让他们感到枯燥乏味、焦虑，注意力越来越不集中，导致越来越多的错误，并且使他们越来越害怕犯错误。

在这本书出版后不久，劳尔·拉斯姆森（Lore Rasmussen）就成为了比尔和我的好朋友。她在她的数学课上发明了一种确实可以增强学生安全感的方法。她很有创意地制作了各种各样的作业纸，每一张针对特定的一项代数或几何练习。她有很多这样的作业纸，放在她桌子上的文件夹里。孩子们可以到文件夹里去翻阅，找到他们想做的那一页，拿出来，自己去完成。

很快，劳尔就发现，孩子们总是在反复做对同一张练习五六遍甚至更多遍之后才会确定已经足够了。孩子们不会喜欢徒劳无功，他们做这些练习也不是为了得到高分或取悦劳尔，这是他们自己的事。很明显，他们一遍遍地做这些习题是因为可以从中学到新东西，或巩固已经学会的知识。当他们觉得自己确实已经掌握那部分知识时，就会去做别的习题。

所以大部分的作业，如果不是纯粹为了占用学生的时间，那就是为了向老师，而不是向学生，证明他们学到了一些知识。这样的作业通常都不会带来什么好处。

减轻紧张情绪的方法之一就是去面对它、了解它。上数学课时，我告诉班上的同学："如果你不了解老师在课堂上所讲的内容，又不发问，也不去理它，这种情形和你将重要的东西落在车里是一样的，你终究必须把它找回来，因此你愈早设法解决就愈省事。"这种比喻虽然不是很恰当，但确实能对学生产生一些作用，他们也有同感。渐渐地，他们对一知半解感到恐惧，虽然这种情况并不严重。事实上，只要他们说出困惑不解的地方，我就会及时帮他们解答；即使疑惑很多，只要他们愿意告诉我，我也将尽力帮助他们。

我们施予学生的压力必须有个限度，否则他们会想出一套应付的方法——索性不理会你施予的压力。不是和你打哈哈，就是以"我不知道"来敷衍。我认为我们应该事先让他们知道，在某个时期他们不需受到限制，他们可以尽情发挥自己各方面的能力。

这或许就是盖特博士在每处示范教数学课时都可以获得可观成就的原因吧！由于学生知道这位老师所上的课并不是正式的课程，而这位陌生人也不像他们那些严格的老师，即使他们答错了问题，也不会有太严重的后果，反正这堂课很快就结束了。正因为他们心里没有任何压力，因此，他们可以轻松自如地运用大脑，发挥自己的才能。我们如何保持他们这种情绪呢？我们能办得到吗？

一九五九年二月五日

如果我们苛求一个只有 10 岁的孩子必须具有强烈的自我发展能力,而且不致自暴自弃,你认为可能吗?即使年纪较大的小孩能侥幸做到,这种能力也将很快地消失殆尽。

在这些学生中,是否有人过于忙碌而无暇想到自己?贝蒂和哈尔或许就是其中的例子。不过,这样的人并不多。或许因为他们过早接触群体生活,所以在他们尚未懂得如何去了解这个团体之前,就必须强迫自己接受在这个团体里所扮演的角色。

现在我的这种感觉比以前更强烈。我们所采取的现代教学方式——耐心、循循诱导、关怀——能鼓励学生勤于思考吗?我记得我读过的第一所学校的学习方式与现在的学习方式大异其趣。那时我才 5 岁,老师除了知道我叫霍特之外,对我大概一无所知了,学校也不重视我。我不知道他们是不是喜欢我,但这并不重要,他们所关心的是我的成绩。成绩好,是理所当然的;成绩不好,就必须接受处罚。不过,这种老式的教学方式,可能存在着某些我想象不到的好处吧。

山姆看不懂他成绩单内的一句评语,但是他总是认为那是不好的评语,经常为这件事流泪。为什么他会认为那是不好的评语呢?很明显地,大人总是从孩子所犯的小错误或任何特别的差错来推断或断定他所常犯的错误,或者认为孩子一无是处、不够聪明。这是明智的做法吗?难道偶尔犯错是一种不可告人的耻辱吗?

值得注意的是,利用孩子的自我概念使他获得更好的成绩,是很危险的。我们经常对学生说："你们是很聪明、机智和优秀的学生，如果你们肯努力，一定能够轻易地解答这个题目。"但是如果他们没有达到学校要求，我们仍然不能以他们变得愚昧、迟钝等来推翻对他们能力的肯定，因为这只会引起他们内心的恐惧。

学生之所以会强烈地担心失败，不正是因为他们对成功的期望太高，或认为成功的概率很大吗？强尼的成绩很好时，我们会让他觉得他很优秀；当他的成绩不好时，我们会让他感到很失败，即使我们没有这个用心。

孩子真的不需要赞美吗？一个孩子经过长时间的努力后才排好字谜方块，他难道不需要别人的赞美吗？即使别人不告诉他，难道他不晓得自己办好了一件事吗？事实上，当我们赞美孩子时，难道我们本身没有沾光吗？赞美孩子，也连带地赞美自己，因为我们造就了一个聪明的孩子。我联想到奈特所写的一篇通顺流畅的作文，内容是关于他家的起居室。我突然发现，我之所以会这么欣赏这篇文章，最主要的原因是我是这篇文章的主角之一。难怪我要赞美这个孩子真聪明！因为我自己也是那么聪明地帮助这个孩子，使他写成这篇文章的啊！

一九五九年二月十一日

有一天，某人问我："为什么我们要上学？"柏特理直气壮地说："这样长大以后才不会变成呆子。"对这些学生来说，无知便等于呆子。如果学生自称为呆子，是不是也表示自己无知呢？当他们对某些事件因为不了解而觉得羞耻时，这种心理是不是上述的原因所造成的呢？若是如此，这难道是我们无意间促成孩子有这样想法的吗？我们应该让他们了解，即使学习不好也无所谓，但必须能善于应用这些知识。相反地，纵使一个人懂得很多，但如果他不会应用，就可能是个呆子。在目前的社会里，确实存在着不少学识渊博的呆子。

从那时起，我听很多好学校里聪明的孩子说自己很笨。他们说笨其实是指无知，不过也含有愚蠢的意思，绝不仅仅是无意义、不可信任或者只是做错事。他们为什么会这样看自己呢？因为成年人对待他们的方式就好像他们很愚蠢一样。

在本校，学生们只有到了五年级才有资格做午餐的服务生。管理这所学校的人——其中很多都是心理学家——认为孩子们只有到了10岁才不会把盘子掉到地上或者扔出去。当孩子们从一间教室到另一间教室或者到另一座楼的时候，需要有成年人带他们从一条笔直的路上穿过去。通常会有一个学生来帮助老师做这件事。大家认为，如果没有这样的制度，孩子们恐怕无法找到他们要去的地方。

比尔和我都很喜欢小孩子，我们也对保护习以为常。所以几年以后，当我们在英国莱斯特邦的公立学校里，看到6岁的孩子把食物从柜台拿到桌子上，或在没有大人陪同的情况下，从教室里出去集合然后自己走回来，我们感到非常不可思议。我们回来之后，告诉大家我们的见闻，他们说："英国小孩跟美国小孩不同，你可千万别让美国小孩也这么干。"

我们不会想到，这些挖苦人的话可能是造成学生学习困难的原因之一。为了对世界有更多的了解，我们必须相信这个世界，相信它是有意义的，并且我们还要相信自己可以理解这个世界。我们通过作业向学生展示的世界是无意义的、片段的、与他人分隔开的，并且与学生的真实感受脱节。我们对待他们的方式就已经告诉他们，不要相信他们自己，难怪他们会使用那些诡计。

现在很多人都知道一个道理，就是我们推测别人会做的坏事，到后来真的发生了，也就是"自我应验预言"。

很多人认为照看孩子就是自问孩子在某种情况下所能做的最愚蠢、最危险的事情是什么，然后就像他们肯定会那样做一样来照顾他们。四月里一个温暖的早晨，我坐在波士顿公共花园天鹅湖边上练习大提琴。池塘边上的水可能也就一米深，或者更浅。边上砌了一圈花岗岩的石头。我在那儿的一个半小时里，先后有四位妈妈来过，都牵着她们的宝宝。这些小孩最小的1岁6个月，最大的快3岁了。这四个小孩都对水非常好奇，特别想到近处去看看。这四位妈妈都觉得如果孩子离水太近，就有可能掉进去。她们没有冲孩子大喊大叫或威胁他们，但是她们要么跑过去挡在孩子和水中间，要么把孩子的注意力转移开，要么干脆带他们到别处去。很自然地，她们越是不让孩子靠近水，孩子们越是想去看一看，尽管他们的妈妈已经很生气："不行，不行，你会掉进去的！"

可是这些孩子都已经走得很平稳，早就过了跌跌撞撞的阶段。如果不是疲惫无力，或者太不小心，最小的那个孩子掉下水的概率也不到百分之一，对于大点儿的孩子更是不到百万分之一。

如果这些妈妈能一直这么"认真"，她们可能会改变主意。小孩是非常小心的——他们在楼梯或台阶上，会很认真地权衡是要往前走还是往后退。他们敢于尝试新鲜事物，可是他们也很清楚哪些事情能做，哪些事情不能做。他们的判断力会随着成长不断提高。但是那些受到过度关心的孩子要么太胆小而不敢去尝试新东西，要么太鲁莽而不知道自己哪些能做、哪些不能做。

为了证明他们的勇敢，他们会去做普通孩子绝不会做的事情；而一旦遇到危险，他们又不够自信和冷静来克服困难。

几年前，我参观了位于伦敦的荷兰冒险游乐场。孩子们可以在那里爬树、荡秋千，还有尝试其他"危险的"设备。我问年轻的负责人会不会有很多小孩受伤，他们说："不会的，因为家长不准入内。"如果妈妈们可以进来，她们会不停地说："别玩这个，别玩那个，太危险了。"这样说会让孩子因为羞辱而生气，他们会想："我要证明给你看。"然后去爬一棵对他们来说过高的树，或者去玩根本玩不了的器械。一旦碰到危险，就会想到妈妈说的："你会摔倒的！你会摔倒的！"他们会变得很慌张，然后就真的摔下来了。因此，游乐场为妈妈们设置了一个等候区，她们可以坐在那里聊天，但是不能守着孩子们。负责人告诉我，孩子们受的最严重的伤是轻微崴脚。只有他们自己的时候，对于冒险，孩子们会非常谨慎。他们也想通过冒险体验一下刺激，同时他们知道怎样在危险的情况下保持冷静，克服困难。

有些人却不愿意接受这一点。前几天，在一个关于住家教育的会议上，我就遇到了一个这样的人。她是某个服务机构的官员，专门保护孩子并为孩子们提供强制帮助。对于我讲的要给孩子责任和权利，她特别生气，尤其对把孩子单独留在家里表示不能接受。她坚持说孩子没有足够的判断力来做这样的事。为了证明她的观点，她讲了一个发生在她12岁女儿身上的故事。她是用一种很奇怪的矛盾的语气在讲这个事情。一方面，她讲的时候，与其说是生气，还不如说是伤心："我很不想说这个事情，但是还是要说。"另一方面，她的语气又充满了胜利的喜悦："看到了吗？这就证明孩子是不能被信任的，必须由我（因为大多数人不合格）来照看他们。"

事情是这样的。有一天晚上，她正在炉子上做饭。突然她要出去一下，就让她的女儿照看一下，细节就不赘述了。也不太清楚她是告诉女儿某个时间关火，还是等她回来关火，或者怎么样。总之，10分钟后（她是这样说的）当她回来的时候，饭已经烧焦了，整个屋子里都是烟，不知道还有什么后果。这个事情真是有点儿难以置信，多烧10分钟也不至于造成满屋子的烟。"看到了吧，"那位女士还在以她伤心又骄傲的语气说着，"我女儿已经尽力了，但她还是个孩子，她没有判断力。"我知道有时候争论是毫无意义的，所以就没再问那位女士关掉炉子究竟需要多少判断力。我也没有说下面这段话，虽然我很想说："夫人，我不知道您和您的女儿在玩什么游戏，也不知道是出于什么原因。我认识几个孩子，只有您女儿一半大，他们经常自己计划，会买菜，还会做饭。"

大人对孩子高度不信任，担心他们随时会做出造成严重后果的事情，这种情况几乎存在于我所见过的所有幼儿园和托儿所。可怕的是，他们向我介绍的是他们自认为最好的方面。这些责任人，通常是年轻女性，她们和蔼、友善，也很聪明，总是充满这种担心。无论她们多么愿意，却从来不能跟一两个孩子放松、平静地交谈或做游戏。她们总是紧张地环视教室以确保大家都有事可做，并且没有人做坏事。结果，没有孩子能够得到老师完全的关注。老师们总是在用眼角观察其他孩子。这种不安会传染给孩子，即使他们很喜欢自己正在做的事情。

在公共花园，我曾经见过很多幼儿园或托儿所的孩子们出来野餐、郊游或者在草地上嬉戏玩耍。我经常观察这些孩子，同时也观察那些负责看管他们的老师。他们好像都不高兴跟孩子们在一起。实际上，他们很多人看起来还有点儿生气，并且不停地厉声对孩子们说："站那儿别动，安静点儿，别跑，别再那样了，离我近点儿。"即使有几个人看起来不那么生气或不舒服，也称不上快乐。从他们的脸上几乎看不到充满爱的妈妈表现出来的与孩子在一起的快乐，负责这群孩子的老师因为太担心发生意外而无法享受快乐。可是，能发生什么意外呢？大街在很远的地方，中间还隔着护栏，即使有小孩向街上冲去，当然我没见过一个孩子这么干过，成年人几步就能追上他。

不是孩子和大人的比例，而是孩子的数量决定了大人们会有多么焦虑。也就是说，5个人看管30个孩子跟1个人看管6个孩子完全不一样。对于前者来说，就相当于，这5个老师每个人都看管30个孩子。孩子们越多，担心就越多，别管是有多少人在看管。

如果我们重新开办只有一间教室的学校，所有年龄的孩子在一起上课，一位优秀的教师会发现给30个孩子上课并不难。小点儿的孩子可以向大孩子学习；最大的那个孩子，看起来就像个成年人，他可以帮忙照看其他孩子。但是，现在的学校往往有一千多个学生，每个班里有30个学生，老师却只有几个人。我们应该缩减的是学校而不是班级的规模。

一九五九年四月二十四日

策略取决于性格。我们可以从学生使用策略的情形来分析他的个性，了解他对事物的感受、对环境的期盼、对自己的评价以及他如何看待学校及老师的要求。瑞雪认为，教室是表现规矩的场所，在教室里做任何事都必须遵照老师的指示。事情做对了，她就能得到赞美；做错了，会受到责备。不管我们给她多大的压力，她都不会改换策略。同时，不管她多么努力思考，她对我所提出的问题均一筹莫展。偶尔碰巧可以解出其中一个问题，她却不会举一反三、触类旁通，反而抱怨老师故意以怪问题来为难学生。尤其不懂得将解答问题的技巧运用于实际生活中，可以说，她对问题的直觉反应是鸵鸟式的自卫。

我发现一件让我感到欣慰的事，就是有些聪明的学生非常热爱生活。瑞雪、柏特、艾伦、葛莉都是喜欢做白日梦的人。但是巴巴拉、贝蒂、玛莉、瑞夫和海尔就从不逃避生活，他们热烈地拥抱生活。在前面，我们曾谈论过热爱学习这件事，而这些孩子似乎真的热爱他们的生活，这可以从贝蒂、巴巴拉或山姆简短的谈论中窥知一二。

聪明孩子的表现和行为，让人觉得他们肯定了世界存在有一定的道理，他们总是将自己的答案和想法与他们所习得的知识相互印证。至于其他的孩子的反应，就迥然不同了。他们不在乎自己的答案是否有意义，也不懂得如何将自己的答案、想法和所学相互印证。其实，这两种孩子的差异并不止于此。那些我们认为聪明的孩子，他们对世界更具信心，也充满信任，尽管世界让人无法理解，但他们都坚毅地肯定自己永远不会被世界所捉弄。这种心境和爱因斯坦在宇宙论中所表达的精神"我不相信上帝会掷骰子"是非常契合的。

1958年7月号的《科学美国人》（*Scientific American*）第54页的一篇《创世一瞥》（*Profile of Creativity*）中，有如下适当的比较：

> 富有创造力的科学家，以审慎迟缓的态度剖析问题，而以明快果决的精神下定结论。
> 缺乏创造力的人，则急于从杂乱无章的实验中寻求答案。

这段话实在贴切极了！我们经常可以看到学生中的一些抢答者总是惹了一堆麻烦。事实上，问题和答案之间只存在着一种关系，它们是结构和次序关系的两面。如果学生在面对问题之前能花时间去了解问题，仔细地思考、推敲，一定能够很快找到答案。那些被问题所困扰的人，就是因为他们将问题视为短跑的起跑点，一开始就以最快的速度冲向目标，不管方向如何，也不知道目的地的位置。他们根本没有审慎思考问题，而只一味地寻求答案。到底他们着急到什么程度呢？

艾伦就是标准的抢答者，巴巴拉则算是比较能思考的学生，他们同时在算一个问题：$3/4+2/5=$？

艾伦很快就回答（他还是照一贯的算法，上面加上面，下面加下面）：那不是 $5/9$ 吗？

巴巴拉说：$5/9$ 的值比 $3/4$ 还小。

她认为答案至少应该大于 $3/4$，所以 $5/9$ 一定不对。但艾伦却认为答案是 $5/9$。

艾伦说：$3/4$ 写在哪里啊？

巴巴拉说：写在题目上啊！

我实在不知道该怎么解释才能使艾伦了解巴巴拉所说的话，更不用说训练他具有和巴巴拉一样的思考能力。

不善于思考的学生只会瞎猜答案，而善于运用思考能力的学生，都能花时间事先仔细研究题目而后再解答。我们难道真能通过训练培养学生这种思考的技巧吗？我不以为然。善于思考的学生愿意花时间去分析，因为他们能够忍耐暂时的不明白与无知，而不善于思考的人却无法忍受，即使是很短暂的无知也会让他们发疯。

"害怕错误"这种结论并不能完整地解释学生的恐惧心理。我们不能否认恐惧确实让茱莉感受到相当大的压力，海尔的情绪也一样不轻松，而我的情绪也受到了感染。茱莉一方面害怕答案不对，一方面又害怕没有答案。茱莉希望能找到正确答案——任何答案，这是她最渴望的。所以她想尽各种方法寻找答案，一旦有了答案，她的压力就会减轻许多。瑞雪和葛瑞的情形也是如此，许多人的情形也相同。他们不愿意看到没有答案的问题，即使他们知道答案是错的。这些学生总是为寻求肯定所苦，他们难以忍受没有答案的问题，这似乎是很多问题的导因。事实上，真正的原因是什么呢？

有些人认为这是属于精神医学的范围，我却不以为然。一个人如果对人际关系抱着极不信任的态度，那么他还有可能对世界怀抱着积极的信心吗？如果答案是肯定的，我们应该让学生培养这种态度吗？

一九五九年六月十六日

一年前我始终无法体会，学生恐惧的心理如何影响他们在面对问题时所采取的应付方法。从今年的教学经验中，我终于找到了答案。我发现大多数学生所采取的应付方法，总是无法脱离自我中心、自我保护的观念，他的目标就是要避免麻烦、困窘、受罚、批评或失面子，尤其那些视上学为煎熬的学生更是如此。在他们接到问题的瞬间，我可以从他们的脸上读出他们的想法。我似乎可以听到一些声音：我能找到正确答案吗？不可能的。如果我做错了，该怎么办呢？老师会生气吗？其他同学会笑我吗？我父母会知道吗？我今年会留级吗？我怎么会这么笨呢？等等。

在课堂上，即使我尽量使学生放松心情，不那么害怕做题目，但是我仍发现学生一再地做万无一失的赌注——他们总是事先妥善地安排一切的情况，以便有任何错误发生时，他们可以以一副若无其事、坦然宽怀的样子应对，至少不会显得比别人差。我想这是一种平衡的心理，换句话说，他们是骑墙派，而这样做可以使他们免于危险。例如，玩"二十个问题"的游戏时，他们对自己所提出的问题都很保守，只希望别人打前锋，以便自己可以伺机行动。

  他们这种自制和自卫方法的运用，是恐惧心理所造成的。多年来，我总是不明白，为什么聪明的孩子在学校无法发挥他们的聪明才智？其实答案很简单：因为他们害怕。我一直怀疑学生的恐惧感和他们在学校的成绩不好息息相关。我想我应该帮他们消除恐惧心理，对着他们大喊："向前冲吧！尽管去做吧！"我的经验告诉我，恐惧足以摧毁学生的智能，影响他们观察事物的层面、思考的方式以及面对生活的态度。因此，目前两项刻不容缓的工作重点就是：消除学生的恐惧，然后帮助他们调整因恐惧心理而形成的思考方式和生活态度。

  在学校里，学生所感受到的恐惧相当严重，但最令我感到惊讶的是，为何大家很少谈论到这种恐惧感呢？或许很多老师纵使知道了，也不愿承认这种恐惧确实存于学生的心里吧！他们似乎要等到学生明显地表现出恐惧的态度才能感受到事态严重。就像看到学生抱着母亲痛哭时，他们才感觉到事态严重一样。事实上，从孩子的表情、声音、动作、举止，我们能够很明显地察觉到大多数学生都心怀恐惧，而且很痛苦地强迫自己度过学校生涯。这与优秀的军人自我训练的情形是一样的，他们必须学习控制自己的恐惧心理、自我调整、学习与恐惧共处。问题是学校和战场两者差异甚大，而恐惧感却对孩子有不良的影响——足以摧毁他们的智慧和能力。一个畏缩的战士有可能成为优秀的军人，但是心怀恐惧的学习者，却总是最差劲的学生。

  在刚开始合作的时候，比尔·夫曾经跟我说："我们在学生面前应该是可以互相替代的。"也就是说，在学生面前，我们代表某种类型的老师，只有在私下交往中，我们才是彼此。很快，我们就发现这样行

不通。我们是很不一样的人——比我们当时认识到的还要不同——除非我们假装自己不存在，否则没法假装是一样的。

  但是，一个人假装不是自己是非常可怕的，尤其对小孩子。我的一个朋友曾经跟我讲过她女儿的一件事，她女儿当时 4 岁。在他们家，周末的时候，孩子们如果醒了，可以起床，但是不能吵醒妈妈。有一个星期天，妈妈特别累，起得比平时晚。刚开始，这个小女孩还可以保持安静，但是，后来过了妈妈通常起床的时间，她越来越想要妈妈起来陪她。她开始制造一些声音，一会儿玩具掉地上了，一会儿又很大声地关上抽屉。后来，妈妈就醒了。但是妈妈想，如果她一直躺在床上，可能这孩子过会儿就会放弃，不再吵她了。于是她就躺着装睡。

  终于，这个孩子再也受不了了。她来到妈妈的床边，她轻轻地用拇指和食指撑开妈妈的眼睛，使劲往里看，问道："你在吗？"

  往我们眼睛里看的孩子是真的想知道我们是不是在里面。如果不让他们看，或者他们没有看到，他们会很困惑，也会被吓到。如果孩子身边的成年人是这样的话，他们不会对这个世界有很多了解，因为他们大部分的时间和精力都用来琢磨他们身边的大人。

  其实这是很矛盾的。很多大人把真我掩藏起来，把自己伪装成完美的"教师"形象，他们觉得这样在孩子面前会有一个一以贯之的形象。他们的真我可能很情绪化，一天高兴，一天忧郁。他们觉得让孩子面对这样一个多变的家长是很困难的。所以，我要树立一个捏造出来的、遵守规矩的、所有行为可预测的形象。事实上，效果完全相反。孩子们，除了那些不幸地和伪装成模范的家长生活在一起的孩子，会很习惯和真实的、变化无常的、情绪经常起伏的家长生活在一起。孩子们有敏锐的观察力和灵活的大脑，他们懂得预测大人的行为，也能看懂那些奇怪的信号。他们了解那些大人情绪的起伏变化就像他们了解自己的房间、自己的家、后院或街道一样。而和那些试图把自己变成机器的人打交道，就像在大雾里一样让他们不知所以。

　　后来，孩子们跟我成了好朋友。其中一个孩子告诉我，她知道我什么时候会生气。我问她怎么知道的。"嗯，是这样的，"她说（做出一副思考的表情），"你的额头会变成橙色。""橙色？"我想了一下。后来我就想起来，在他们这个年纪的时候，我和姐姐通过观察母亲（她经常戴墨镜）前额的皮肤，就能判定她是不是生气。她的皮肤不会变颜色，不过如果绷得很紧，我和姐姐就要小心了。当我教这些五年级学生的时候，我的头已微秃，肤色很淡并且容易晒伤，孩子们眼睛很尖，竟然观察到皮肤颜色的微小变化代表着我的情绪起伏。

　　孩子们对这些微妙信息的理解甚至比对规则的理解更清楚——因为我们经常不能一直坚持执行这些规则。后半学期，当他们的吵闹快要超出我的忍耐时，往往会有一个学生发出警告："老师要写Q了！"（见41页）几乎每次都被他们说中。当他们这样说的时候，我总是忍不住会笑出来。这些聪明的家伙！同样的道理，当我疲惫、担心或心情不好的时候，不用我说什么，他们也会尽量安静点儿，不会像平时那么烦人。

――――――――――――

一九五九年八月十二日

　　今天早上，在"阳光场坪"举行的音乐会即将结束时，在我右侧大约40米的地方，我看到一个看起来像是智障的孩子正坐在那儿。坐在她旁边的是她的母亲——一位妩媚、标致的女人以及另一位女士。这个孩子大约13岁，不过从外表看来，很难猜定她正确的年龄。她一面吃三明治，一面用吸管喝着只剩半盒的牛奶。每次她吃三明治总是慢条斯理、小心翼翼地将它放到嘴里咬一口，再细嚼慢咽，那副模样就像必须先把三明治固定在舌尖，然后才进行咬的动作一般，接着她很谨慎地拿起牛奶盒，将吸管放到正中央后再小心地啜一口。从她拿盒子的模样，别人一定会以为盒子里装的是硝化甘油。这时，她会不停地转过头静静地注视着她的母亲，然而她的母亲始终都忙着与身旁的女人聊天，一点儿都没有注意到她。后来我才知道她频频转头看她母亲的意思，是希望她的母亲告诉她这些吃的喝的动作是否正确。

我刚刚看见这个孩子时的感觉是——她的脸很丑。事实上，她的脸除了因生病导致的嘴唇稍微外翻外，看不出有任何特别丑陋的地方。她不算漂亮，但五官端正，同时，她的气色也很正常。

面对这个孩子和母亲，我内心除了感受到一股强烈的震撼和怜悯外，脑子也呈现了一片空白。虽然我全神贯注地注视她们，却仿佛什么也没有看见。她仍然高兴地喝着牛奶和吃着三明治，并没有注意到我的举止。接着又发生了一件有趣的事：当台上的管弦乐队即将演奏完一首曲子时（我确定她对这首曲子没有深刻的了解），她突然放下手中的食物，挤到乐团面前，并举手准备拍手。待曲子演奏完毕，她听到别人鼓掌时，也跟着拍手鼓掌。

音乐会结束时，乐队指挥习惯性地说："很高兴各位今天前来捧场，欢迎明年再来……"这时候她仍然是一副呆滞的表情，两只手也僵硬地高举着，后来我才知道，这表示她在跟别人道再见。她的样子似乎在进行一种仪式——当她知道有人将离开时就要道别。现在乐团要离开了，因此，她也跟他们挥手道别。其实这并不是她向乐团表达一种沟通的行为，而只是一个被训练出来的动作。

趁着她母亲和她的朋友畅谈的时候，我转移到树荫下，以便更隐秘地观察她们。突然间，我想起最近和老友争论杀害低能婴儿的是非问题。他说他会将婴儿的头埋于枕头下，迫使他们死亡。我问他："为人母者会同意这种做法吗？"结论是可能的。他觉得与其让这种孩子苟存，造成母子的梦魇，不如尽早结束他的生命。

真是天真无知！我们现在已经知道，即使是对发育正常的孩子，成千上万的母亲由于自己的挫折和伤心，已经做出并且在继续做着比杀害低能儿恶劣得多的事情。

这些话使我的内心顿时激昂澎湃，也掩盖了这个低能儿童在我内心的影子，但不久，我又想到一些有关她的问题。为什么她看起来这么可怕？一般而言，智能不足的儿童最让人觉得可怕的是什么？她和常人的差别是具有人性特质和缺少人性特质的不同吗？突然间我有一种想法，就是"我们必须从缺乏人性特质的人中，感受到人类的真实意义"。

但是，我又觉得缺乏人类特质并不可怕，正如我们并不觉得动物可怕一样！我突然醒悟我害怕看到这个小孩就等于我畏于看到动物一样。你看过一只狗因受到惊吓而失去正常状态，夹着尾巴仓皇逃窜，以致一见到人便做攻击状吗？这个孩子之所以让人看了害怕，并非她缺乏人类的特质，而是她的一些状态甚至不及一般动物。

到现在为止，我见过很多"低能的"孩子和成年人，他们都有这

种羞愧、焦虑和恐惧的痛苦表情。

当我们说某个孩子智能不足时，这意味着什么呢？当然，我们是指他的心智和感情的表现低于他实际的年龄。只要细心观察一个小孩子在草地上嬉笑玩闹的各种表现与反应，你就能轻易发现：虽然他是个7岁的孩子，然而他的行动举止却不及一个6岁甚至3岁的小孩。

就在这个时候，这个母亲和她的朋友站起来收好毯子，然后朝着草坪走过去。当她们通过已经空荡无人的音乐台时，她又僵硬地挥动着手，直到她母亲走到她身边将她的手按下来。但她深恐孩子会以为自己遭受责备，因此又将她的手拉起来，佯装要带她走过草坪。我觉得她的母亲阻止她向空荡无人的舞台挥手道别是不恰当的，因为对一个年纪尚幼的儿童而言，这是很正常的行为。

我们知道低能儿童的学习能力和行为能力不及同龄儿童。然而，她的家居生活是什么样子呢？我对这个孩子的生活情形曾经观察过千百次，我发现她的行为举止并不坏，也没有犯错，只是和实际年龄不相符合。同时在叫她不要做某些事时，必须温和地、慢慢地告诉她。她的心到底被什么所困扰呢？我们很难要求一个小孩子分辨该做和不该做的事——不要碰触东西，不要跑到街上，不要随便开药柜等。如果我们将一个低能儿童被禁止的事加以整理，足以开列一份冗长的清单，最后再注明"因为你的年纪已经大到不能做这些事了"。从这一句叮咛中，我们可以发现，孩子的能力和信心是很容易同时被推翻的。

我并不认为低能儿童是后天造成的，但我想这也不完全是先天的。可以肯定的是，这个孩子的智能不足是后天造成的。现在我真的怀疑很多"低能儿"不是先天如此，而是后天造成的。过程通常是这样的：首先，一个没有按正常轨道发展的孩子被"诊断"有缺陷；然后，这个孩子就像真的有缺陷一样被关心和治疗；后来，孩子自己也认为他是有缺陷的；最后，他变得跟专家们说的越来越像。

几年前，我在纽约州西部遇到一位非常棒的小学教师。因为没有别的地方可以安置，一个被认定为低能的小男孩被安排到她的班上。这个男孩没人关心，营养不良，穿得破破烂烂，有很强的恐惧和羞愧心理。这位老师首先在物质上给这个小男孩基本的照料，然后她给了他更需要的东西——真诚的关心以及思想上的支持。就像经常发生的一样，在她的悉心照料下，这个基本什么都不会的孩子，在一年的时间里学会了五年的课程，并赶上了其他学生。

然后这位老师就去找负责记录学生成绩的人，她要替他揭掉"低能"的标签。她告诉他们这个孩子在一年的时间里学了五年的课程，还给他们看了其他可以证明孩子智力的材料。她想当然地认为专家们一定会赞成她："太好了！这个孩子一点儿也不低能，他很聪明。真是个好消息！我们马上就把记录改过来！"恰恰相反，他们的反应不是要帮助和保护这个孩子，而是袒护那些鉴定受到挑战的专家，他们拒绝把"低能"的标签从孩子身上拿下来。他们不停地在说——这位老师用了一年多的时间试图要把这个标签拿走——一定是这位老师搞错了，当初做出鉴定的人一定是有根据的。

最后的进展是，孩子要随家人搬到另一个城市，他要转学到另一个学区。这位老师已经并且还要继续给那个学区的负责人写信，告诉他这个孩

子做得多么好，请他们不要把他安排到低级班。结果如何，不得而知。如果 IQ 真的是衡量智力的标准，为什么 IQ50 的孩子，其行动不能像一个正常而有能力的人呢？有人说成人平均的理解力和思考能力与 12 岁的人差不多，虽然我怀疑衡量智力标准的可靠性，但它多少还是能够反映出某些事实。那么为什么 IQ50 的小孩长到 25 岁时，其智力仍无法赶上其他人？什么原因使他永远赶不上呢？我不再相信"IQ 是衡量智力的标准"。它衡量的是我们学习某种知识的能力——总体来说，就是中上阶层儿童学习的知识。另外，它还检测我们在短时间内解决某些问题的能力，这些问题通常是象征性的，范围很有限。它从来没有也不会检测到怀特海说的智力最重要的方面，那就是提问题以及辨别哪些问题值得提问的能力。IQ 没有也不可能检测经过长时间思考、最终解决重大困难问题的能力。即使我们放弃长久以来对 IQ 测试的偏见，它也只能检测到人类大脑能力中微乎其微的一部分。

因此，当有人告诉我某个孩子"低能"时，我会问他："你怎么知道？有什么证据吗？"我认识一个小孩，他到 3 岁的时候才开始学说话和走路。5 岁的时候，他说的话只有家人能听懂。可是后来，在很短的时间内，也没有经过特殊训练，他突然就能说得很流利，并且很有运动天赋。

我们的错误说到底是用语错误。"正常"，本来只是"常见"的意思，我们把它理解为"合适的、正确的、理应如此的"。什么原因使这个女孩子变成一个令人不敢正视、惧怕和战栗的怪物呢？

我觉得她的动作酷似一个正常、健康而年龄只及她一半的孩子的表现，因此，她不应该让人觉得太苦恼。我的脑海里老是浮现她的影子——一个6岁大的小女孩在音乐台前游荡。同时，我内心里也担心她与真实年龄不符的行为会招人侧目。现在我们明白一个低能儿童之所以会引人侧目，并非是他被教导得像一个正常的孩子，而是因为他受到这种压抑后所表现的恐怖、不正常的行为。

训练低能儿童时，一定要隐藏他们的症状，使他们看起来比实际年龄更聪明。例如，让心智上只有6岁的孩子被迫扮演12岁儿童的角色，像今天早上这个孩子，她的注意力必须集中于不要将牛奶溅泼到外面（其实谁在乎一个才6岁的孩子泼倒东西呢），此外，他们还需要对自己所做的每一件事负责。他们要牢记故事中英雄人物的走路、说话、吹哨、歌唱等模样。这种训练也许可以被接受，但对一个心智不足、缺乏信心与看法的小孩子而言，这种训练已超越他们的能力了。即使是一个善于扮演间谍角色的演员，也需要适度的休息，何况是一个心智只有6岁的孩子，我们却要她长久地扮演12岁小孩的角色，这几乎是不可能的。我几乎不敢再往下想象这个梦魇般的后果。或许我太过夸张了，但我确实一直无法忘怀那个孩子的脸——一张可怕的脸。

如果把大人都无法忍受的行为加诸在孩子的身上，使得原先较迟钝的孩子变成可怕的怪物，那么，我们简直不知道自己在做什么。我们应该明显地划清可以做的事、不可以做的事，否则小孩子根据什么来学习呢？一个正常的孩子和低能孩子之间最大的差别在于：当前者的行为不乖时会受到处分，而后者却未必会受到惩罚，但会让人觉得嫌恶，而这种情况更糟糕。

如果大人对小孩子的错误行为惩罚不当，是否会促成不良少年的产生呢？有一天我走过波士顿公园时，看到两个小男孩正在比赛吐唾沫。这种行为本来就令大多数人无法容忍，为什么我们会对吐唾沫这么敏感呢？我倒并不觉得那么厌恶。于是我走近他们，看究竟哪一方赢，许多路人也慢慢围拢过来。后来，年纪较小的孩子开始做出让人无法忍受的动作——他开始向另一个小孩子吐唾沫。由于他力气不够大，没有吐到那个小孩子的身上，这种举动让我怒火中烧。尤其令我觉得忍无可忍的是，他竟然口出秽言，并且还摩拳擦掌。后来他们注意到我正在看他们，于是便对我说："喂，先生给我一块钱，让我坐车回家吧！"我没理会他们，掉头就走。虽然我有些后悔当时的反应，但我想如果再碰到同样的情形，我仍然会这样做的。

我想，比这个低能儿童的个性更偏激倔强的孩子一定很多，例如，我所碰到的这个年纪较小的男孩就是其中之一。他们对于大人惊讶、嫌恶他们的行为的表现一定也有着不同的反应。为了避免大人对他们施予压力，他们会想办法使大人感到恐怖，因为他们知道自己这种造成惊讶、恐怖的能力，对于大人是一种制服的力量。因此，如果我们强烈禁止孩子的行为，就可能会造成两种后果：一是使孩子变得神经不正常；二是可能使孩子变成恐怖分子。我们应该怎么做呢？我认为我们使用更人性的方法来对待这两种孩子，要比恐吓他们、胁迫他们来得更高明。虽然这种方法实行起来并不容易，但至少这是我们努力的目标。

一九五九年十月三日

昨天我看见三个年轻小伙子坐车经过地下道前往公园，他们因为过度兴奋而大声狂吼、喧闹。他们应该不是不良少年，但是看起来很像，而且我确定有很多人都会这么认为的。如果你突然和他们接触，你可能会感到惶恐。他们看来不像正常人，倒有点儿像野兽——这么说对野兽似乎是一种侮辱。当他们在车上时，车上似乎隐伏着一种不安的高气压，可是他们却乐此不疲。

我们开始以异样的眼光注视着对方，在他们之中，每当一个孩子说出或做出令车上其他人震惊的事时,他总是不安地看他的同伴,似乎是在寻求他们的认同。接着,另一个人跟着作怪、喧闹时,同样也要博取其他同伴的认同。我突然领悟,这些孩子做任何事时都是无助、孤单而且恐惧的,因此,他们需要其他同伴的认同,借以寻求心灵上的安全感。可是他们每个人又显得惴惴不安,所以彼此都无法给予对方任何踏实的感觉。如果有人要为另一个人的笑话捧场时,往往又会因为必须为另一个笑话捧场而突然中断正在进行的动作,所以他们对于彼此的认同往往会变成猜忌。

除了彼此短暂的认同外,这些孩子需要培养什么样的自重和自尊呢?很明显的,他们之间在无法完全认同的情况下,只会造成不安的恐惧。因此,他们的人生哲学就是,如果你不能让别人喜欢你,至少你能让他们怕你。

哈里森·沙利柏利(Harrison Salisbury)的《震撼的一代》(*The Shock-Up Generation*)和华仑·米勒(Warren Miller)的《冷漠的世界》(*The Cool World*),对这一代的不良少年都有深刻的描述。前者是记者,后者是小说家。从他们的叙述中我们可以很容易了解到,即使在组织关系最严密的街头帮派中,也不存在我们所谓的友谊。而帮派的组成分子,几乎都是那些情绪不安的乌合之众,有些是逃避社会现实的懦弱者,有些则是自认为生不逢时、大志难伸的知识分子。

一九五九年十二月十四日

这一年来,我觉得盖瑞的表现似乎每况愈下,成功也不再属于他了。对他而言,这里是一个陌生的环境,即使在此他同样可以获得赞赏,但也潜伏着紧张和危险。因此,他宁可享受失败的从容和轻松,虽然这样子他不会感到快乐，但至少也不会让他感受到压力。现在我终于了解为何在学校或生活中有些学生甘于失败的原因了。

朱迪是一个很聪明的孩子，她有一种荒谬而敏感的触觉，且带点儿神经质。她的功课奇差无比，拼词的水平比三年级的学生还要差劲。一直到秋季前半学期，她的拼词水平仍然没有改进。经过几次努力和失败之后——程度较低的学生几乎是我不断改进教学方式的原动力——我想出了一个新方法，这个方法对于观察学生的学习情况应该有所帮助，尤其是对错别字特别多的学生。

当学生在作业本上写了错别字，我便用奇异笔将它圈在一张3厘米×5厘米的卡片上，但学生竟把我更正过的卡片当成计算成绩的标准。我拿一张空白卡片遮住更正过的卡片，让他们在几秒钟的时间里记住这个词，然后请他们将正确的词拼出来。他们可以随时要求看这个正确的拼词，但是每一次的时间都很短，这可以避免他们老是只记错别字。另外，我要他们注意每个词的形状，然后记下它的正确写法。

当然，错别字写得越多的同学，他所堆积的卡片就越多。我告诉他们，下次临时测验时只要他们能够拼对任何一个词，就可以把有那个词的卡片取下来。他们都乐于减少错别字卡片，因为这些卡片给他们的压力很大。今天我帮朱迪做了一次临时测验，我出了25个词，她竟然拼对了20个词。令我感到纳闷的是，虽然她表现得这么优秀，但却看不出她有丝毫喜悦或满足的表情，反而有不安的神态。我自忖，对这个孩子而言，拼词不再犯错可能是一种负担。他们心里到底在想什么呢？后来我幡然醒悟了。对某些学生来说，假装不会、不懂或愚笨，是减轻压力的妙方。因为他们以为老师（即我们）知道你不会做，他就不会责备你、处罚你。我常听到一些女学生很自怜地说："我想他会认定我以后不会再写错别字了，万一再出现错别字，他一定会骂我。"

有些学生非常在乎大人对他们的认同,他们认为如果他们不能完全成功,就等于完全失败。我想,也许我们可以利用给予学生认同的机会而使唤他们做该做的事,迫使他们扭转故意失败的心理。我曾经认识一个16岁的男孩,因为他无法达到他父亲对他过高的期望,于是索性自暴自弃。他父亲是一个大机构的主席,声名显赫,而他的孩子却是个混混、酒鬼。在一次晚宴中,这位父亲看见他的儿子酩酊大醉,并在舞池中东倒西歪地大跳滑稽的探戈。我的脑里随即出现一个想法:"看吧!这就是他唯一能做得比你更好的事情。"

我们常听说:那些无可救药的酒鬼很可能是非常有才干的人。因为他们无法达到肯定的高远目标,所以干脆放弃。这些学生也许就是如此。我们如何使这些学生摒弃当失败者的习惯呢?

把自己伪装得不才、无能,不但可以降低别人对你的期望和要求,也能降低你对自我的期望和要求,如果你准备失败,那么你一定不会失望。有一句俗话说:"如果你睡在地板上,你一定没有机会从床上摔下来。"

一九六〇年一月三日

有些人认为,讲古老的神仙故事给小孩子听是不好的,因为他们会害怕。但是我们知道,即使没有这些灵精鬼怪的故事,孩子的生活仍会充满着恐惧。多年来,鬼故事在小孩子的心目中,就像原始人生活在不可理解的世界中一样。神秘、典范和宗教在他们心灵上已经形成了巨大的力量,同样地,鬼故事的恐惧在这些孩子的心中,已有相当程度的认同。他们或许无视于这些恐惧的存在,而将这种不知名的恐惧归纳为对魔鬼、巫师、巨人、怪兽等的恐惧感。如果他们发现这些角色不存在,他们就能排除这种恐惧感，即使他们不能确定童话里的人物是否存在，但他们会学着去处理这种恐惧感，并且去面对或思考他们所感到恐怖的东西。

我认识一个大约 4 岁的小孩子，他总是兴致勃勃地向一些听众诉说他自己命名为"吃人山狮"的怪物。在他小小的心灵里，山狮是他认知世界里最凶恶的动物。等他长大之后，他看过真正的山狮，发觉它并不如想象中的那么庞大、凶狠。这时，他想这个世界上一定还有能吃掉山狮的庞然怪物，而且一定不是普通的怪物。这个时候，山狮、房子、邻居、城市，甚至整个世界，都逐渐在他的内心消失。在这个故事中，小男孩战胜了山狮；在另一些故事里，他的心灵又完全被怪物所占据了。之所以会如此，完全取决于他当时的感受。另外，外在的经验和认知，也能帮助他的内心产生对神秘事物的认同。

一九六〇年七月二十日

有一天，我那个才 7 个月大的侄女看到我手上的原子笔，她就想伸手过来拿。因为原子笔尖上盖着笔套，她拿着笔拉扯一阵之后，才将笔套拿下来。她仔细端详了一会儿，又将笔套盖上。然后又拿掉，又将它盖上。她觉得好玩极了！她盖笔套的动作极为灵敏，很显然，这推翻了我以前认为婴儿缺乏协调事物的能力、动作不灵活的认识。事实上，如果他们处于最适当的环境中——他们感兴趣的地方和事物，那么，他们的动作可能比我们想象中的要更纯熟、更敏捷。

我利用整个暑假的时间观察这个小宝贝。我发现她酷似一个小科学家。她总是不断地观察与实验，而且从不偷懒。除了睡觉之外，她始终不停地活动、吸收经验，试着从经验中学习新的事物，并尝试将这些事物调整得适合自己的心意。

虽然经过屡次尝试,她大部分的实验都失败了,但是,她仍然没有心灰意冷,这可能是她没有感受到失败必须接受处罚的压力吧!当然,除了自然的处罚——例如,两脚踩在球上必然跌倒。儿童对于失败的反应和大人不同,因为她不觉得失败是一种耻辱、痛苦或错误的行为。她和其他的大朋友也不同,她不曾躲开任何困难或不熟悉的事物,她只会尽情地将触角伸向每个角落,拓展自己的经验、喜悦,好奇地拥抱整个世界。

如果你看到了这个小孩,你一定不会相信小孩子没有获得奖励就缺乏实践兴致的世俗观念。在生活中,她当然也会受到某些鼓励和惩罚。大人有时会美言她几句,或禁止她做某些事,但大多数的时间,她并没有受到赞美或惩罚的压力,这是由于她大部分的学习经验都没有受到观察。毕竟,大人都以为小孩子只要乖巧、不吵不闹、自己玩得高兴,谁会在意她在做什么呢?但是你只要注意观察她一阵子,你就会发现,她对周遭的世界充满着强烈的认知欲望。在不断的探索之中,她从学习里获得了莫大的满足感,因此,她并不在乎别人的观察。

有人认为如果没有外界的奖励和惩罚,孩子们不会去学习,或者像行为科学家说的,他们需要"正面和负面强化"。其实,这只是个"自我应验预言"的过程。如果我们长期以一种认为孩子正确的眼光看待孩子,他们也会相信自己是对的。很多人告诉我:"如果我们不逼着小孩做事情,他们就不会去做。"更可怕的是,他们还说:"如果没人逼我,我也不会去做。"

这简直是奴隶的思想。

当他们这样说自己的时候,我会告诉他们:"或许你认为是这样,但我可不这样想。你小时候也不是这样想的。是谁让你有这种想法的呢?"学校起了很大的作用。学校是无意中向孩子们传达了这样的信息,还是故意的?我不知道,我想学校也不知道。他们只是自己认为是这样,所以就不自觉地认为事实也如此。

一九六一年二月二十六日

有时候,我对于笨拙的孩子会感到愤怒。每次要做作业时,他们不是找不到笔和纸,便是桌上一团混乱、书本乱丢。更恼人的是,他们总是把东西遗忘在家里,而该带回家的功课,又偏偏忘了带回去。总之,他们老是丢东忘西的。事实上,他们并不是真的那么笨拙、无能,有很多事情,他们都做得很好。泰德是个聪明、伶俐、好奇心强、幽默、讨人喜欢的男孩,他的身体强壮,动作敏捷,运动表现相当杰出,在学校始终保持着优异的纪录,但是他的学校作业却一塌糊涂。有一天班上正举行大扫除,当我"协助"他整理抽屉时,我赫然发现他的抽屉里堆放了一大沓散乱的习题纸。我叫他将这些纸夹在笔记本里。跟以前一样,他一紧张就会脸红。在一阵局促不安、忸怩之后,他开始细声地说"这些纸的大小和笔记本不一样",事实上并非如此。最后,他糊里糊涂地要分批将纸装入有活动环的笔记本里,可是他一点儿也不留意习题纸上的线洞和笔记本的活动环是否符合。瞧他乱塞、乱夹,口里还不时发出怒词,我愈有愈生气,于是大吼着:"天啊!不要弄了,等一下再慢慢整理吧。"

想到这件事和其他类似的情况,我突然想起一部由哈利·布朗(Harry Brown)的小说所改编的电影《行走于炎阳下》(*A Walk in the*

Sun），它描写了一支没有队长的步兵奋勇进攻意大利的冒险事迹。其中有一段是这样的：一群步兵通过一片丛林时，他们原先计划在此埋伏，不料竟发现敌人的轻型坦克横阻于前，于是只好进行一场生死战。待决战行动结束后，队员发现有位士官的情绪焦躁不安，很明显，他是厌于战事而导致神志崩溃。他们发现他躺在地上时，全身抽搐颤抖，嘴里不时发出含糊不清的声音。为了朝着另一个不明的攻击目标前进，他们决定舍弃他。后来据其中一个士兵描述说，这个士官最后陷身于自掘的战壕中，谁也无法救他出来。

我觉得小孩子在学校的行为就像自掘战壕一样。他们所表现出来的愚钝、笨拙，正是一个人面对各种比较、竞争，长期受到心理压迫所产生的自然反应。很多人因为拒绝这种竞争，而以夸张、诡异的行动来作为平衡，其实他们的做法并不适当。大多数学生（很少有例外）在学校里，大部分时间感到的是令人无法忍受的恐惧、不安和紧张。很多大人所做的噩梦，都是自己又回到学校，这种情形应该不能算是巧合。我的求学过程相当顺利，直到现在，我还是常常做同样的噩梦——梦见我回到缺课长达数月之久的教室，虽然缺课这么久，我却一点儿也没有愧疚感。真的，除了原来的功课退步得一塌糊涂，甚至会受到一些严厉的惩罚外，我毫无愧疚。虽然我的心里忧惧如焚，但始终难逃这种噩运。

当我身为老师，最令我难过的事莫过于看着自己的学生用心学习，却始终徒劳无功，不但没有获得任何裨益，反而产生自弃的害处。他们勉强地做了指定的功课，却没有从中得到知识的滋润，虽然他们今天很用心地学习，但下个月或下周，甚至是明天，就忘得一干二净了。

更令人难过的是，很多学生的行为让学校头痛万分，因此，我们的教导不但没有使他们吸收更丰富的知识，反而使他们变得更为笨拙。这种情形实在是糟透了。

一九六一年三月二日

有一位女士花费多年的时间，以严谨的态度研究一些学生，这些学生是众所公认的问题学生。有一天，她告诉一群老师，早期研究这类学生的专家发明了"文盲"（word blindness）一词来描述所观察到的种种事情，从此"文盲"就成为谈论的话题。当时，专家们都相信这种"文盲"的产生源于精神学上的问题，他们认为有些学生因为脑部组织和结构的问题无法或很难认识文字。

这也许真的是阅读困难的原因之一，但是如果说它是唯一或是大部分的原因，就难免令人存疑了。我深信对于字形或符号（例如，文字等）的分辨能力多半是感情和心理上的立即反应，不是属于精神上的认知。我认为精神是受到过度紧张和压力所产生的反应，而我就曾多次体验到这种感觉。

最严重的一次，是发生在上音乐课的时候。我想我应该叙述得详细一点儿，因为这种紧张的情绪会造成理解能力的丧失，而这是多数大人所不能体验到的情绪。这堂课被安排在下午最后一堂，由于正好排在一场紧张而且不愉快的讨论课之后，所以这堂课真的很难熬，我实在不太有勇气面对它。这一天我出门稍微迟了一些，又碰上交通阻塞，到教室时已经很迟了，因此连喘口气的机会都没有，碰巧那天老师要实施测验。他看来似乎不像平常那么有耐性，他看我对上一堂课所教的内容并不熟练，便和其他被激怒的老师一样，开始严厉地逼我尽快演奏他指定的段落，他认为我应该能够很顺畅地演奏。

由于演奏的速度太快，又怕老师不耐烦地指正我的错误，我的心理压力愈来愈大，总觉得有什么东西要爆炸一样，但又觉得有一股外在的力量在压抑我。一些杂声在我的耳际"嗡嗡"作响，淹没了我的演奏。突然之间我失聪，我变得看不懂乐谱。这种感受实在很难描述。这种情形持续了约几秒钟，我相信只要我停止演奏或看乐谱，一切便能恢复正常。当时我虽然是看着音符，但仿佛视而不见，换句话说，在顷刻之间我眼前的事物都变得模糊不清了。我愈是想看得清楚，就愈觉得痛苦，因为眼睛根本无法集中焦点。我还记得当时课本上的音符好像一个接一个都在移动，但我印象最深刻的是，我所看到的东西似乎是从未见过、听过或记忆过的，而音符之间的关系也似乎已被抹去，它们不再可能前后连贯。

这种恐惧的感觉和不愉快的经验，实在难以形容。一两秒之后，我丢下手边的乐器，然后离开那间音乐教室。我的老师似乎发现我已经有歇斯底里的倾向。等我休息了一阵子之后，接着上比较轻松的课程，但我的心里却忧虑着，我会不会永远都是个学生呢？这是不是因为我不可能有自由逃避的权利，或是我根本不想躲开呢？我的老师是不是认为，他必须把我逼得更紧才能对我有所帮助呢？

本书出版之后，有很多人，其中有职业音乐人，告诉我他们也有类似的经历。

就像我在《永不嫌晚》中提到的一样，我经常碰到这种情况，特别是在一段我不太能跟上的交响乐里，快要轮到我的时候。我可以看到谱子，可就是看不懂。但是，也有可能，是我的大脑拒绝看到。

在我练习大提琴的七年半时间里，我的识谱能力一直不怎么强。当我看到一个新的谱子时，即使我很快就能学会拉，可是我做不到第一次就按照谱子演奏。我必须考虑一下我的手到底要怎么拉琴。

我识谱就像拙劣的初学者学习阅读一样。这对我来说很新奇也很有趣。因为我很小的时候就开始学习阅读，并且学得很快。只有在音乐方面，我才有机会体会阅读能力差的感觉。

音乐家们告诉我，就像我告诉学习阅读的人一样，要想成为读谱高手，最好的办法就是不要着急，同时要多读。这确实很有效。我现在识谱能力依然不太强，但是已经好多了。

他们还告诉我，不要一次只看一个音符，而是要看一组音符，要看完整的一拍和完整的乐句——就像"词"一样。我练习过很长时间，可是太难了。我试着读一组音符，但是做不到，我还是一次就只能看到一个音符。

后来有一天，当我在练习一段弦乐四重奏的时候，我惊喜地发现，自己可以阅读一组音符了。如果音符不太密，我甚至可以读完整拍。我不是有意识地这样做。很自然地，我就是看到了。我以前做不到这样，现在做到了。这是怎么回事呢？

我想是这样的：我的焦虑降低了，视力就提高了——我可以看到更多的音符。焦虑、恐惧和紧张降低了我的视力范围。我不知道到底是哪里缩小了，不知道是眼睛还是视网膜，不知道是不是跟通过视神经传到大脑的信息的数量和密度有关，也不知道是不是跟大脑理解的信息有关。不过，这还是很好地证明了——焦虑会降低认知范围。

体育记者乔治·莱昂纳多（George Leonard）对"硬视力"和"软视力"做了很好的区分。当我们通过显微镜或望远镜观察事物，或者盯着一个球要踢的时候，我们就是在使用硬视力。当我们的视力范围很大，就像一个篮球运动员（莱昂纳多给出的例子）一眼就可以看清楚场上的情况，或者一名橄榄球的四分卫可以看到所有的接球手，而不用一个一个看，又或者是防守区的上垒运动员可以看到前场向他跑过来的每一个人以及他们跑来的方向。有人问辛普森是如何完成那些精彩的开场跑的，就像所有被问到该问题的优秀跑卫一样，他说他也不知道，他只是纵观全局，道路就在前方。

我曾经认为这种综合分析大量信息的能力是高智商的体现。在一次会议上，有人表示出对篮球运动员的偏见，我说对一名优秀篮球运动员的智力要求未必会比完成一篇博士论文的智力要求低。对我的这番话，大家反应不一。

如果我们可以找到随意控制并测量焦虑水平的方法，就可以设计一项试验来证明焦虑程度高的时候，注意力会大大下降。不管怎么说，在读谱的时候，当我的焦虑程度下降，注意力会提高。

我的音乐家朋友们还告诉我，眼睛要走到手的前面，也就是说，手还没有弹到的谱子，眼睛要先看到。我在看书的时候，可以轻易做到这一点。我看到的总是比我读出来的靠前。但是在读谱时，我还做不到这一点。

有两个原因可以解释这种情况。一个原因比较明显，另一个就不太容易想到。显而易见的原因在于我每弹一个音符，老师或者我大脑里就有一个声音在问："你确定是这个音吗？"也就是说，我老是在想自己刚刚弹过的，而不是即将弹到的音符。我很想改掉这个毛病，可是这只能让我把注意力放到这个过程本身以及想着如何停止。

但是，即使我没有想着已经弹过的音符，向前看也是很困难的。焦虑使我没有办法同时注意两件事情。几周前我又有所发现。当时我正在读一段很难的新谱子，我发现自己的眼睛一直盯着我正在弹的音符。我有意识地想要往前看，可是太难了，这让我很着急。我梳理了一下自己的想法和感受。我有两个发现：第一，我很担心如果自己不盯着正在弹的音符，会不知道自己弹到哪了。

这种感觉导致了另一种更加奇怪、更加荒谬的感觉，那就是，这些音符真的想从我的眼皮子底下溜走。如果我不用自己的眼睛把它们钉在纸上的话，它们就跑了。当发现自己有这种想法时，我忍不住大笑了起来。太可笑了！不过在发现这一点之后，我感到轻松了很多。

明白了这一点，当我发现自己想用眼睛把音符钉到纸上的时候，我就会告诉自己："放松！这是印在纸上的，它跑不了。"我真的可以说服自己把视线从某个音符上移开，然后再回来找到它。我的视野开阔了很多，有时我还可以做一点儿自己以前不敢试也无法做到的事情。昨天晚上，当我在练习德沃夏克的《美国人》时，我看到有几拍都差不多，就想看看后面是什么。我觉得这有点儿冒险，但是我做到了。在拉一些较慢的拍子时，我能够在弹奏一个音符的同时去看下一个音符。

我提到这些事情只是想说明，有阅读困难的人一定也有这种感觉。也就是说，如果把眼睛移开，他们会担心那些字从书上跑了，然后就再也找不着了。对于当众朗读的孩子，如果他们找不着自己读到哪了，被老师和同学嘲笑的话，他们的这种感觉会更强烈。

一边读谱，一边听它的录音，对我来说是很好的练习方式。我可以从某个音符上移开视线，然后再回来找它。同样地，这种做法对孩子们也是有帮助的，（多亏了录音机）他们可以一边听书的录音，一边看书。

其实，父母读书给小孩子听也是同样的道理。当然，大多数时候，孩子会跟着父母的声音一个字一个字地读，但是，他们的视线偶尔也会转移，他们会往后看，甚至看看这一页还剩下多少，然后再找到正在读的地方。虽然自己不知道，他们其实是在练习一项很重要的阅读技巧，而这种技巧在焦虑的情况下是不可能学会的。

一九六一年三月五日

有些人认为："小孩子之所以不会读书或不喜欢读书，是因为他们运用心智的方式不一样。"有些人则反驳说："不是这样，是因为他们的心智结构根本不一样。"这种争论，我觉得既不真实，也毫无用处。我们的心智结构究竟怎样，和我们如何来运用心智之间的区分，只是人们口头上谈论的东西，这种区分在实际的层面上并不存在。心灵并不是一部在我们体内，供我们做好或做坏的用途的思考机器。心灵就是心灵，它的运作有好、有坏，且它的运作方式与不同的时段都有着相当密切的关系。

我们曾经听说过，印度有些密教大师在闭关修行时，或举着手臂，或以某种肢体分开的姿势固定不动数年，一段时间之后，肢体就变得不能使用了。对于这种现象，有的人认为是生理的因素所致，有的人却认为是肢体的使用方式所致。肢体的使用方式会导致肢体定型，造成肢体无法以别种方式来使用。心灵的情况也大致相同，我们运用心智的方式将会决定我们是如何在使用它。如果我们长期以坏的方式来运用心智，那么要想以好的方式来使用它，就愈来愈不可能了。如果我们一直将它运用得很好，我们就愈有可能将它运用得更好。因而，我们务必要警觉到，有些学习困难的现象也许是脑功能的丧失所引起的，这是无法矫治的。大脑是人体的重要器官，它的可变度和影响力远非我们目前所能了解的，以某一种方式所无法完成的工作，它也许会采取另一种方式来完成。反之，我们也务必要明白，一旦我们让小孩子习惯于用坏的方式运用心智，我们也许就会让他们的心灵变得愈来愈没有用。

一九六一年三月二十一日

今天我为安迪讲解了很久，他才解出问题的答案。不过我仍然怀疑他是否真正了解了；纵使了解，我想也不可能太多。另外，他一定无法体会到乘法演算的乐趣。他所记得的只是这是一次充满痛苦、失败、挫折、焦虑、不安、紧张的回忆，他甚至对自己能找出正确答案都觉得没有任何满足感。他只希望不再想这些问题。

其实他并不笨。如果不是因为紧张和不安情绪的影响，他是个富有好奇心、机智敏捷、观察力强、想象力丰富的孩子。不过，他的机智往往因为害怕而无从发挥。因为他的反应迟钝，思想散漫零碎，也记不得他所学过的任何课程，他对事情没有信心，使得他没有办法学好数学。例如，简单的等式：9+7=16，他必须再三地演算，最后仍不敢肯定答案是对或错，结果是否会改变，是否在无数次错误里再添一笔？如果一个人的想法有很多都是错的，他还能相信自己吗？

除非他能突破自己所误入的失败、不自信、恐惧的漩涡，否则他永远也无法从中挣脱出来，但是我发现他们并不在乎自己所处的厄境。更糟的是，我对于老师（我们）、他的长辈是否真的希望他突破困境也感到非常不确定，因为以前是我们致使他有害怕的感觉，这样才能够控制他的行为并指示他做事。

我对于自己居然利用害怕和不安来作为控制学生的工具而感到惶恐。我以为（或至少希望）班上的学生都能感觉到比以前在其他班时更少的恐惧感，因此我尽量不用控制或压迫的方法来教导他们。但无论如何，作业还是必须做，不是吗？在教室里，他们难免要受到基本的限制，可是我用来叫他们做功课和管理他们行为的方法，仍然使他们感到害怕——害怕对不起我、学校和他们的父母。

安迪就是一个例子。害怕使他几乎无法思考、做功课。一方面，我设法缓解他这种害怕的情绪；另一方面，我却不得不想办法叫他做他不想做的作业。总之，我后来所犯的一连串不当的错误，使得他的恐惧感依然存在。另外，我担心这些长期习惯的不安情绪一旦稍稍得到解脱时，他们恐怕会像其他突然脱离控制的人——如突然脱离监狱的犯人一样，变得更为蛮横、没有纪律，并且可能会故意为难那些一直让他们为难的人。为了使这些学生安分，使学校和他们的父母都能安心，我必须使他们再度陷入害怕的困境。因此，我曾经给予他们的自由，又必须于瞬间从他们那儿收回来。

这有什么意义呢？

第三篇 真实的学习

一九五八年四月二十二日

写给数学委员会的短笺

我们经常告诉学生，对自己所做的任何事都要仔细考虑，这是确保正确的最好方法。但这种说法对于演算基本数学来说，可能是一个矛盾的建议。有些学生演算基本数学时，他们心里通常会想："管他的！只要按照老师的指示做就好了。"他们认为这样可以做得更顺利，然而他们如果再慎思一番，就可能会陷入连自己或老师都无法解脱的迷雾中。

有一班五年级的同学，他们正在演算分数除法，老师希望他们自己先算一算"6 ÷ 1/2 = ？"。这些学生所知道的除法定义是："8 被 4 除"的意思是"8 含有多少个 4 的数？"或者"如果将 8 分配给 4 的数，可以分成几个单位？"结果大多数学生的直接反应，都是采用前面一种定义来思考这个问题："6 含有几个 1/2 的数？"因此他们的答案是 12。但有两个原来很善于计算分数问题的女同学，她们考虑的结果是决定采用另一种方法来演算这个题目。她们自问："如果你将 6 分配成 1/2，那么每一个等份是多少呢？"结果她们的答案是 3。

这就是他们听我们的话"三思"而为自己增添的困扰。我没有告诉他们第二种除法的解释并不适用，而且对分数的除法更不适用。我没有告诉他们的原因是，自从我告诉他们除法的规则后，他们一直认定这个规则很有道理。但事实上，这个规则只在某方面才有意义。"6 分配成 1/2"的意思是指 6 分成相等的两部分，由于我语法上的出入，使他们不能理解其中的意思。我和大多数人一样，常常将"分配"这两个字的意思和数学上"除"的意思弄颠倒。如果我们说"将一个水果派分成4份",那么我们只要将刀子从这个水果派的中间垂直切两次就可以了,而我们说"将一条线分成两半",就是先找这条线的中间点。如果我们说将某种东西等分,更清楚的说法就是将它分成相等的两份。因此,这两个女同学将这个题目"6分配给1/2"解释成将6对半分或分成两部分应该是很自然的反应。

有一个能干的男同学很不明智地增添自己的困扰。他在黑板上解释这个问题时,就先问:"多少个1/2的数被包含在6里面?"并且他画了详细的解析图来讲解,所得到的答案是12。最后他犯了很多大人也很容易犯的错误,他说:"12的什么呢?"随后又说:"12的一半。"然后在黑板上写12/2。写完后,他马上发现自己犯的错误并加以更正,但是已经来不及了。这两个女孩子已经记住了这个错误,于是到黑板上去证明6被1/2除是12/2或6。虽然我们都觉得可笑,但他们却非常肯定自己的答案是正确的。

其他同学开始试图找出这两个女生所犯的错误,但都没有成功。我们知道,如果想救出迷失于森林中的人,务必先确定他所在的位置。其他同学之所以不能指出这两个女孩子所犯的错误,是因为他们不知道答案的由来,所以无法帮忙。和大多数老师一样,我们所能做的就是一再地重复解题的方法,但这一点儿也帮不上他们的忙。后来有一位男同学请一个女同学到黑板上做一道题目:6×1/2=?她在黑板上写:6×1/2=3。这个男生说:"可是你们刚刚说6被1/2除也等于3。"这个女生看看她的同伴后,好不气恼地说:"我们被愚弄了。"我不知道老师是不是常常让学生有这种被欺骗的感觉。

有一个女同学发觉答案3是错的,于是悄悄地跟她的同伴说:"我们好呆啊!6的1/2和6×1/2的意思是一样的。"她仍然不了解她所演算的是乘法，而不是除法。一场争论后，她对她的同伴说："我们都搞错了，反正6的1/2是12，虽然我不知道为什么，不过这个答案一定没错。"

这些话所暴露的问题值得学校深思。难道学生对于我们所教的课程，都是以这种态度来接受的吗？我告诉学生的话、英文的用法或其他事情，似乎都和他所知道的基本常识抵触，然而他却必须遵从指示，不管这是否有意义，他就是必须接受。

最后，我终究使这两个女同学茅塞顿开，同时，我承认我应该对她们陷入迷雾负责。这几个星期以来，我一直在自我检讨，在忖度我在教学中的矛盾之处。我发觉当老师的，必须尝试从孩子的角度来检视自己的观念与教学，他们一无所知，容易接受未经证实的东西，同时又无法忍受矛盾与似是而非。我们务必先从自我矛盾、迷惑、模棱两可中解脱出来。基本数学观念的澄清和建立，是我们教导所有数学问题的重点所在，因此这项工作实在很吃力。

一九五八年七月二十八日

记得几年前的某一天，有一些朋友对我说："你看过硅砂玻璃吗？"我说我连听都没听过，他们就递给我一块。我用手揉捏它，扯平它，把它拉成长条状，撕成几个小块。他们说："将它卷成一个球，然后把它扔到地上。"我照着做。我的眼睛、脑子、甚至我的每一根骨头都很清楚结果应该是这样——玻璃会掉落，而且贴着地面。于是我将玻璃丢在地上，当我的眼睛还盯着地板时，玻璃已经弹到和我的头一样高了。我觉得一阵晕眩，仿佛世界正围着我打转，我觉得有点儿可怕。就在此时，我似乎听到某种声音："看吧！它居然可以弹起来，很好玩吧！你猜下面还有什么把戏？" 会儿，我又恢复正常和理性了。

这件事使我想起一个小女孩——不知道她是一年级还是二年级。有一天，当老师正在教班上的同学拼"once"这个词时，她忽然"哇"的一声哭了起来，老师可能认为这个学生是因为"once"这个词太难才哭。但我认为是当她看到自己所了解、熟悉的拼法变得一片零乱时，才禁不住号哭起来的，当时若能指出这个词拼法不规则，她或许还可以接受。一些真正用心思考的学生，他们之所以觉得学校难熬的原因，不只是老师所教的很多内容都没有意义，更因为老师总是说得头头是道，让孩子觉得是自己有问题才不了解。

其实，我们觉得很简单、理所当然而有自信的事，对一个学生而言，就不一定是如此了。以 10 这个数为例，由于我们太常使用它，以致我们不会想到它尚有其他的意义。我们当然知道 0 和 1 所代表的值，也知道将两者放在一起的值一定大于或等于其中任何一个数的值。当我们第一次将这个数呈现在学生面前时，它必定是一个我们所熟悉的结果，所以他们无法从这个结果的外在了解到这个数字的奥秘。结果，这些学生从第一次认识 10 开始就慑于它的奥秘，使得以后一想到它就打心底里害怕。

但是那些自学阅读的孩子，不会在看到"once"这个词或者其他成千上万个音形不一的词时掉眼泪。自学的孩子不会在见到每个奇怪的词时感到震惊，他们会学自己感兴趣的东西。对于小孩子来说，任何事情都是新奇的。对于他们不理解的事情，他们会思考和想象，却不会担心。只有当大人要控制他们的学习或强迫他们理解某物时，他们才会担心。因为他们知道，如果理解不了，这些人是不会饶了他们的。

同样地，孩子们也不会被奇怪的数字10吓到。如果他们可以像认识另一个小孩一样学习10这个数字，想看的时候就看，想思考的时候就思考，总有一天会学会这个数字。他们不再觉得这个数字很奇怪，甚至还会想自己以前为什么觉得它很奇怪。

在我小的时候，没有人跟我解释10这个数字，也没有人告诉我基数和位数在数学中的功能。我上的学校很老派，老师只教你解题的方法，从来不解释为什么那样做。不太会模仿的孩子，可能觉得很难。不过，我很擅长模仿，这种优势使得我可以自己去琢磨10以及很多其他事情。

蹩脚的解释比不解释糟糕得多。

一九五八年十一月十三日

学生的数学不好，不仅因为必须强记一大堆看似没有规则、没有意义的公理，而且还有一大堆被证明出来而不容怀疑的定理要记。我不必经常检查我的数字运算，因为我已经掌握了乘式中那些会改变数值的关键。我可以很放心地使用我所习惯的方法来演算 24×36，因为我知道和这个乘式相同的组合是 $(20 \times 30)+(4 \times 30)+(20 \times 6)+(4 \times 6)$。如果我不知道这两者相同，我能够使用这种惯用的算法吗？我会悟出这么奥妙的变化吗？我懂得将0和其他数字分开演算会更容易得出正确的答案吗？我能够只凭一点依据或一些普通常识，就检查出答案是否正确吗？

古氏积木（Cuisenaire Rods）[①]的美妙，不仅因为它们能使学生自己发现某些运算的结果，而且也能使他们满足于自己真正动手做运算并得出正确答案的喜悦。

"木棒的美妙……"我现在开始怀疑木棒的魔力。我和比尔曾经很兴奋，因为我们能够看到木棒和数字的联系，并因此推断学生在摆弄这些木棒的时候也能看到它们的联系。问题是，我和比尔本来就识数。我们想的是："这些木棒恰好体现了数字的规律。"可是，如果我们不识数，看着这些木棒，我们能发现数字的规律吗？或许能，或许不能。很明显，有些孩子看明白了，还有很多孩子不明白。同样明显的是，很多或大多数使用木棒教学的老师也不明白或使用不当，那他们的学生就更不可能学会了。

[①] 编注：古氏积木（Cuisenaire Rods）的命名取自发明者乔治·古辛纳（George Cuisenaire）（1891—1976），一位比利时的小学老师。古氏积木是一套木块或木棒。最小的木块为1厘米宽、1厘米高，大约1个小指的厚度；种类从1厘米到10厘米。每一个木块或木棒都漆上颜色——1厘米的为白色，2厘米的为红色，3厘米的为浅绿色，4厘米的为深红色，5厘米的为黄色，6厘米的为暗绿色，7厘米的为黑色，8厘米的为棕色，9厘米的为蓝色，10厘米的为橘色。每次使用这种木棒时，我都直接以颜色来称呼，不过我会注明长度，以当成提醒的作用，例如，黄色（5）。真正用心教学的老师都会准备一套这种木棒，以便通过学生使用这些木棒的情形来观察他们是否真正能够运算。虽然这种木棒是由古辛纳所发明，不过真正经过改革而大量使用则需归功于盖特博士（Dr. Caleb Gattegno）。他是一位英国数学和心理学教授。他在1953年接触了古氏积木，更进一步地将古氏积木运用在语言教学上，并应用了部分认知心理学的原理发展出以学习者为中心（learner-centred）的语言教学法——默示教学法（The Silent Way）。他将这一套教学法介绍到其他国家（包括美国）并且迅速地在当地许多学校流传起来。

一九五八年十一月二十六日

古氏积木真能如我们所愿地控制学生的投机心理吗？难道没有任何人可以侥幸得逞吗？我想起了一个学生——我们的老朋友艾米莉。我问她："4份里面的3份是什么意思？"她会回答："3/4。""3份里面的4份又是什么意思？"答："4/3。""5份里面的4份是多少？""4/5。""4份里面的5份，是什么意思呢？""5/4。"当然我会叫学生利用木棒来思考，但答案会写在木棒上面吗？学生难道不会再和我玩文字游戏吗？假设我对艾米莉说："镜子中的影像是什么意思？"她难道不会回答"影像镜子"吗？如果我问："影像中的镜子是什么？"她则回答："镜子影像。"这不就是很好的应付方法吗？况且答案也没有太离谱哩！我怀疑卡罗琳和茱莉也有同样的反应。有一天我听到吉尔说："你只要把老师所问的第一个字拿来……反正你只要根据木棒找出答案，并注意老师的表情，你就能应付过去。"

对付这些投机的学生的一种方法，是将我们的问题变化成多种形式。例如：我们拿起黄棒（5）向学生说"如果这一支棒子代表1，请你们告诉我 3/5 应该怎么表示"或"如果棒子代表2，那么4应该怎么表示"，类似这样的问题，应该更能测验出他们是否真正能利用木棒来建立数的概念和关系。我们是不是可以将问题的答案设计成不需要用文字叙述的方式，只需要用某些东西来表示呢？

"问题的答案……"是个不错的想法，但是还不够。我们可以问学

生一些需要动手做的问题，而不是光说就能解决的问题，但是如果学生在做完之后还要问我们做得对不对，那就还是不够。我们需要给他们有明确目标的任务——比如解开绳结，把球滚进洞里，等等。没有人会问："这个拼图我拼得对吗？"

关于这个问题，我在数学图书馆那部分还会提到。

一九五八年十二月六日

观摩比尔·夫上课的情形

有一天，在课堂上你正和学生讨论问题，当时你拿着两支木棒问学生其中一支和另一支木棒的数的关系。刚开始时，你的问题总是类似："小木棒是大木棒的多少？"学生很容易就知道答案一定是分数，而且将小一点儿的数字拿来当分子。有些反应比较快的学生索性将答案颠倒过来，例如，他们原来说是5/7，就会马上改成7/5。其中有三个学生更是屡试不爽——瑞雪、一个男同学和巴巴拉。

巴巴拉是最让我伤脑筋的学生，因为她相当机灵、敏捷。有一次，你拿起黑色棒（7）和蓝色棒（9），而且问题的顺序和刚开始时也稍有变化。你问："蓝色棒是黑色棒的几分之几？"她回答："7/9。"但当她看到你稍有迟疑的表情时，她的脸马上就变红，而且注视着你（不是木棒），过一会儿再说："9/7。"不论从她的表情、声音或脸上，我一点儿也感觉不出她已经了解第一次的答案是错的，第二次的答案是对的，或者她能立刻肯定第二次的答案是正确的。如果她不能确定，那么，其他同学的情况就不必再去谈论了。

我们希望利用木棒能改变学生瞎猜的坏习惯，并真正了解"数"的关系，但令我们担心的是，这些木棒又会成为他们瞎猜的代替品。如果茱莉不相信自己可以从木棒中找出答案，而你却逼她一定要注视木棒，这不但对她没有好处，反而会使她产生更多的矛盾。

一九五八年十二月七日

有一次上数学课时，我告诉学生：除法不只是算数的运算方法之一，也是一种不懂任何计算观念的人也能使用的运算方式。我叫他们假设把一袋大理石平分给4个人，如果他们不会其他的计算方法，那么他们将如何处理这一袋大理石？大多数学生都知道将这些大理石轮流分配给每一个人，直到将所有大理石都分配完，这样便能达到平均分配的效果，但是帕特和另一个学生却有不同的想法。以下是帕特的说明：

你可以拿一把尺来量这个袋子，将它分成8等份，然后每个人分配2厘米长的袋子。因为一共有4个人，而2×4是8，所以你可以在2厘米的位置上做个记号（也就是装大理石的袋子上有3条线），然后按记号割下来，再分配给每一个人2厘米。

另外一个学生和她的意见相同，但解释不同。有一次我又对他们说："假设我手中有一袋大理石（我一面用手比画，一面做出手上似乎捧了一大袋大理石的样子），现在我另一只手拿剪刀（做拿剪刀状）。我先用一只手拿着袋子，再用剪刀将袋子对半剪开（做裁剪状），你们认为结果如何？"帕特说："哇！"另一个学生"扑哧"笑了出来。然后两个人都说："那些大理石一定撒了满地。"我怀疑他们是否知道他们的答案和提出的问题完全是风马牛不相及的。

如果这些孩子在现实生活中遇到把一袋大理石平均分给 4 个人这样的问题，他们一定不会笨到要把袋子割成 4 份。只有在学校里他们才会给出这样的答案。

　　我始终记得以前巡回观摩各学校时所发生的一些事情。我曾碰到一个正在准备化学测验的学生，当时他正强记所有可溶解于水的盐类。几分钟后，他对我说："碳酸钙可溶解于水中。"于是我请他列举一些由碳酸钙组成的东西，他说："石灰石、花岗岩及大理石。"我问他："你常常看这些东西被溶于水吗？"这是他始料未及的。他所学的化学和他所认识的真实世界，两者之间根本没有任何的关系。

一九五九年二月六日

　　我心里在想，如果我叫学生画两条线，其中一条是另一条的 5/7，他们可能会画一条 5 厘米长的线，另一条为 7 厘米长。但如果我叫他们再画两条线，其中一条是另一条的 5/17，我想一定会有很多学生在考虑数秒钟之后说"不能画"，因为他们的纸不够画 17 厘米长的线（结果证明几乎所有的学生都这么回答）。

　　我们说"熟能生巧"，是指任何事物只要你运用的次数愈多，就愈熟练，你便愈能了解它、掌握它。既然如此，我们只要让学生多做些分数的演算，他们便能更熟悉分数了。

我终于了解数量分数和运算分数之间的差别了。1/2+1/3=5/6，这个等式也可以表示成 1 个单位中的 1/2 加上一个单位中的 1/3，等于 1 个单位中的 5/6，也可以表示成某件东西（任何东西）的 1/2 加上同件东西的 1/3，等于这件东西的 5/6，这两者的意义是相同的。

照这种情形来看，不是所有的数字都可以拿来运算吗？如果我们说 2+3=5，不也表示某种东西 2 个加上某种东西 3 个，等于这些东西有 5 个吗？简单地说，我们教学生算术运算时，不是也经常不知不觉地灌输他们有关代数的观念吗？我想这种无意中加入的某种观念，正是我们教学上之所以产生困难和混淆的原因。如果我们写一个计算式：2+2=4，那么，$2x+2x=4x$ 的代数式又表示什么意思呢？

我们都知道在分数的演算中，除非分母相同否则分数不能相加，但不只分数受到这种规则的限制，其他数的演算也一样。例如，2 匹马加 3 匹马等于 5 匹马，但是 2 匹马加 3 节车厢等于什么呢？我们只能说是 5 个东西。另外，我们也可以给车厢和马匹一个共同的称谓。

我一直不相信培养小孩子了解"数"的概念，最好的方法就是让他们亲眼看见可数的东西，但现在我已开始领悟到其中的道理了。因此，我想大概没有东西比简单数字要来得更简单的了。算术是最简单不过的，但如果你认为任何人——只要是个性温和、富于爱心的人——你不要求他具有创意或头脑——都可以请他来教小孩子做算术，那就大错特错了。

我们很快发现数学博士能教会小孩子算术的想法也是愚蠢的。到处都有教授在做数学教学方面的改革，偶尔会有一些有用的点子。然而，大体上来讲，这些改革对数学教学的改进没起到太大作用，有时候甚至还有反作用。

我很怀疑是不是有可能教会别人理解某物。也就是说，教会他认识事物之间的联系，在他的大脑中形成某种思维模式。我们可以告诉他事物的名称以及各种明细表，但是我们不能把我们的思维结构给他，他只能自己构造。有人说，任何领域的知识或经验都可以设计成一系列的问题和答案来进行程序性学习。有一个十一年级的学生学习了一年程序性学习，他告诉我（他可能没有意识到自己多么有洞察力）这种方法的弊端。他说："我可以记住大部分的答案，但是我记不住那些问题。"说得太对了。

一九五九年三月八日

很多老师似乎都以为学生演算分数，只要他们能使用图表来说明，就表示他们已经了解了问题，而且不会做错了。有一次，我发现了关于这种理论的一个有趣的实例。帕特正在做一个题目：$1/2+1/3=$？她想了一会儿之后，画了两个长方形并将每一个长方形分成三份。她将其中一个长方形中的两份画上斜线，并在上面写着："这是1/2。"接着再将另一个长方形中的一份画上斜线，再写上："这是1/3。"最后，她再综观一次自己所画的图，然后写上："$1/2+1/3=1$。"做完之后，她的脸上露出了满意、喜悦的笑容，然后便回到座位上了。

海斯回答："$1/2+1/3=3/4$。"坐在他身边的巴巴拉却立刻说："不对！1/3不等于1/4。"我继续观察他的做法。"既然$1/2+1/4=3/4$，那么$1/2+1/3$就不可能等于3/4。"巴巴拉对自己所做的每一件事都很谨慎，而且从多种不同的角度来观察是否有意义，前后有无矛盾。

有一次我问茉莉：一个完整的东西包括多少个 1/3。她回答："这必须看东西的大小而定。"如果我们能真正了解学生的心意，那么从这种想法中我们能领悟多少呢？他们知道答案是错的，不应该说的，那么心里也有同样答案却没有说出来的同学又有多少呢？有一次我问帕特："如果有一样东西要给你吃，你要吃 1/3 还是 1/4？"她想了一下说："那要看是什么东西。"

有一天下午，我分给每个同学几段木棒，并叫他们告诉我 1/2+1/3=？我记得不曾给他们任何提示，我想这一点我可以确定。班上大部分同学都拿着木棒胡乱比画，直到他们堆接成 6 厘米或 12 厘米，然后再分成 1/2 和 1/3，将两者加起来后回答："答案是 5/6。"我实在很害怕再叫他们做一次。有些同学虽然不用木棒也可以算出正确的答案，但大部分的同学都做不到。

贝蒂说："2/4+3/5 等于或大于 1，因为 3/5 再加上 2 倍的 1/5 才能凑成 1，而 2/4 大于 2/5，所以答案一定比 1 大。"从她的考虑中，你能说她不聪明吗？但是从学校的标准来看，她可能被认为是个反应迟钝的学生，而且以后可能就真的成为这类的学生。她总是喜欢从多种不同的角度来观察、思考一件事，甚至在付诸行动前先了解其中的意思，但一般而言，在学校里这并不是能让其名列前茅的方法。

有一次他们在做一个 1/2+1/4 题目，我听到了以下的对话：

瑞夫：答案是 3/4，不过你们不要问我是怎么算出来的。

吉尔：再加上 2 会等于 3 吗？

贝蒂：我不用这种方法，我用别的方法算的。

接着，他们再算另一个题目 1/5+3/10。

贝蒂：答案是 5/10 或 1/2。

吉尔：但是 5 不是 10 的一半，也不是 3 的一半啊！

有一次我听到珍妮说："24 是 8 的 3 倍，那么 24 是 3 的几倍呢？"她花了很长时间才算了出来。

一九五九年四月二十四日

如果学生真的听不懂我们所讲的内容，这可能是因为我们所习惯使用的语言不够合理，或是因为我们所说的内容和他们真实的体验之间有相互矛盾之处。

我一直觉得教导学生使用一种工具——语言——是非常重要的。他们可以利用这种工具达到思考、学习、讨论的目的，以便对周遭世界有更深入的了解和认识。我有责任帮助他们更完美地使用这种工具。我们总是认为现在所使用的语言工具已经是最完美的了，并且要求学生学习正确地使用它——也就是训练他们能运用得和我们一样好。事实上，我们现在所使用的语言工具在很多方面是不完美的，如果我们能够更了解其不完美之处，找出使用这种工具和事实经常出现矛盾或诡异之处，我们才能够提醒学生，帮助他们了解语言和实际经验之间不符合的地方，并且指导他们使用语言的正确方法，以便拓展语言的功能，减少受到的限制。

现在我们以一些形容词为例——圆的、蓝色的、绿色的、方形的——这些都是有绝对意义的词句。但是大部分形容词都是具有相对意义的词，如：长的、短的；厚的、薄的；重的、轻的；高的、矮的；远的、近的；简单的、复杂的；生硬的、柔和的；热的、冷的。这些形容词都没有绝对意义。长的、短的只是表示和某些东西比较起来较长或较短，但是我们却经常将这些词的用意视为绝对的。事实上，我们不难发现一个小孩常常会听到成人形容一件特殊的东西是长的，但隔天却又说它是短的，或某一天说某东西是热的，改天又说它是冷的。我们虽然将这些词视为固定意义，但却经常改变意义来使用。像已经变凉的汤，它对婴儿来说却仍然太烫；今天铅笔是长的，但明天可能是短的。我们虽然称大型的小猫为夜猫，但是你千万别对它太粗暴了，因为它毕竟还算是稚小的动物。马是体积较大的动物，虽然一匹小马也只不过是一个小孩的三倍，但不管长到多大的年纪，你都不可能长到和它一样大，因为你太渺小了。小孩子自己可以调整这些令人混淆的大小观念，然而这就能表示他已经拥有健康、聪明的反应能力了吗？或者这只能算是一种技巧呢？如果我们告诉一年级的学生说"有时候山是渺小的，有时候却是高耸入云的"，这会混淆他们的视听吗？

传统的文法教学，很容易增加学生混淆的观念。我们总是将名词和形容词以不同的情况来使用、讨论。事实上，两者的用法有时却又可合二为一，例如：绿色的球、绿色的面具、绿色的自行车和绿色的饰品。这些东西都是绿色的（形容词），而且都是玩具（名词）。如果我们称这些东西为"绿的"，意指一堆同为绿色的东西，如果我们称这些东西为"玩具"，则是强调它是一堆供小孩玩的东西；为什么我们必须要求小孩从这两种不同的角度来认识这一堆东西呢？绿色的球和一般的球有什么不同吗？我不以为然，这只是描述事物的两种不同的方式而已。

一九五九年四月三十日

有一天，我问奈特如何演算分数问题时，他回答说："我想出一种利用对角线的方法。"他所想出的方法根本和分数无关。艾米莉计算分数的方法则仍旧是分子（上面）加分子（上面），分母（下面）加分母（下面），她认为"＋"这个符号就是相加的意思，所以只要看到"＋"，就将所有的数字相加起来。

我仔细地观察奈特计算一个等式：1/3+1/4=？他列出了一些等值的分数，如 1/3=2/6=4/12=8/24……他使用这种绕圈子的方式写了一大串分数；另外，他也同样列出 1/4=2/8=4/16=8/32……虽然他列了好几个分数，但他始终想不出为什么他找不到两者的共同分母。后来珊珊才告诉他，1/4 也可以表示成 6/24。

有些学生只会盲目地遵循规则，就像成人坐在车厢里游览一个开放的国家一样。他们只能透过小小的窗户来欣赏、观察这个美丽的世界，如果小窗被溅污了，他们会因为无法看见目标而迷失方向，并对自己的方向、前进的距离和所在的位置一无所知。

一个一年级学生正在做一页判断题，当他拿到题目后很快就在前3题画上"○"的记号，表示题目叙述得正确；在下一题则画上"×"的记号。他的动作很快，几乎没有思考的时间，所以老师就问他怎么知道3个"○"后下面就画"×"呢？他回答说："哦！老师出题的习惯通常是这样的。"

  这就是孩子们创造的规则。虽然有些做法看起来很荒谬，但是我觉得他们对于解分数题所做的尝试都可以理解。开普勒花 25 年时间研究行星围绕太阳旋转的规律，其间他也做出过很多奇怪的猜想。孩子们的麻烦在于他们无法用现实或事物内部的逻辑联系来验证自己的猜想是不是正确的。他们只能拿去问老师："这样做对吗？"

  并且，因为他们自己想出来的规则杂乱无章，且毫无联系，即使偶尔蒙对了，他们也记不住这些规则以及用这些规则来解答的题目。

一九五九年六月十五日

学生在学校里似乎都习惯使用投机的技巧,即使是非常优秀的学生也不例外,至于程度较差的学生更是如此了。只要他们觉得受到了压力,他们就会使用投机的方法,与其说这种投机心理是问题主义者,倒不如以答案主义代替较为适切。我们只要比较两种学生解答问题的方式,就能很明显地看出这两种心理的差异。

问题主义者将问题视为叙述某件待解决事物的情况,换句话说,在这个叙述中还存在着一种待解决的关系或结果。问题主义者会用心思考这个问题的情况,并假设整个情况的进行,尝试了整个情况之后,他便能找出有待解决的部分,而答案当然也就呼之欲出了。只要学生稍加用心,学校老师所出的任何问题都应该不难找出答案。就像玩拼图游戏一样,你只要仔细地看清楚图案的关系,便能很容易找出正确的拼图方法。

学校大多数的学生都是答案主义者,他们将问题视为一种例行的公告,而与答案没有特殊的关系。他们的心中有一座神秘的"答案岛",这是提供他们答案的地方。接到问题之后,有些学生立刻观察老师的行动,以便找出答案。不过,真正精于这种方法的同学很少。他们知道,如果自己稍微露出困惑或恐惧的样子,老师就会个别地指导他们,也就是所谓的"帮助他们"。比较勇敢的学生则随时准备向"答案岛"冲刺,像寻找宝藏一样地寻找答案。对他们而言,问题也可能正是获得答案的秘诀或暗示,告诉他们回答的方向,就像是提供找到宝藏的指示——走到一棵大树前,沿着和教堂塔顶尖端成一直线的地方再往前走一百步等。这些投机者的第一个步骤是目我忖量:"我们上次曾经做过这样的题目吗?"如果记得以前解决类似问题的秘诀,而且没有和其他类型的题目互相混淆,他们也许就能圆满地完成这种找答案的游戏,而且他们所找到的答案都是正确的。

例如有个问题:"安妮比玛丽大3岁,两人的年龄相加为21岁,那么他们两人分别是几岁?"问题主义者的心里会将这两个女孩视为现实生活中真实的女孩。他们会自问:"这两个女孩是成人吗?不可能。如果两个都是成人,那么年龄相加不可能只等于21,因此他们大约是10岁。"这种渐近的淘汰方式,最后出现了一组数目——两人的年龄分别是9岁和12岁。

另外,问题主义者也使用公式。他们可能很快将安妮和玛丽的年龄总和假设为玛丽年龄的2倍加3,如公式:A+M=21;M+M+3=21;2M=18;所以M=9,而A=12。重要的是,他这个解决问题的公式是来自对问题本身的思考,而不是像答案主义者来自记忆类似问题的解决方式。

答案主义者、投机者都不是老师心目中乖巧、用功的学生。他们拿到问题后可能会想:"现在看我们的了!别人以为我们将如何解答这种问题呢?我什么时候做过类似的问题?哦!对了,记得以前曾经在某些问题上看过他们的年龄,我先假设玛丽的年龄为x,然后再假设安妮的年龄是$x+3$,再将两者加起来。对了,就是这样$x+x+3=21$。将3拿开该怎么办呢?等式两边各减3⋯⋯"就像这样的演算,直到找到答案,最后再让老师确定答案是否正确。他们解题的过程既零乱又缺乏根据,完全凭着记忆来解题。

一般而言,学校的教学方针和老师所做的每一件事,都可能使学生变成答案主义者。首先,老师所重视的正确答案就是成果的表现,学校等于是一所崇拜"正确答案"的庙堂,而且最大的期望,就是鼓励学生尽力地奉献"正确答案"给殿堂。另外,老师本身也可能就是答案主义者——特别是教数学的老师,其他的课程当然也不例外。因此,学生逐渐习惯成为一名答案主义的牺牲者。最后,即使老师本身不是答案主义者,但多年来他们可能根本不在意答案主义者和问题主义者的差异，他们认为这并不重要。因此，他们的教学方式和所指定的功课都将迫使学生想出投机方法以得到答案，因为除了答案，他们没有时间做任何思考。我注意过很多次了：如果这一天老师指定的功课少，学生就愿意花时间来思考问题并谨慎作答；反之，他们就会放弃思考和解题，并且大喊着"我不会做"而等着我们帮忙解题。如此一来，学校只好以学生忙碌而无法思考来避人耳目。这实在是很讽刺的搪塞之词。

有一天，我正指导一位16岁的男同学做功课，他到现在连初级的物理都还不会呢！我先叫他做一道课本上的例题。拿到题目后，他马上在答案纸上写"问："，空一行再写"解："，接着写"使用……"，他开始在预留的空白栏上叙述和计算。我说："啊！等一下，你连问题都还没看呢！你要计算之前至少要先思考一下啊！"他说："但是老师教我们使用这种方法做所有的题。"我们应该不难想象，这位老师会辩称他希望他的学生能用头脑思考问题，所以他规定学生有条理地列出解题的步骤，这样才能让他们真正用心地思考问题。但是他所看不到的，并且可能永远也无法知道的是，他这种要求清晰、有条理地思考的目标，已经成为答案主义者的恶习了。

如果学生没有受到找寻正确答案的紧张压力，他们可能会有出人意料的表现。去年秋天（十一月左右），有一天下午我指定了一些问题给学生。我说："你们大概没有看过这样的问题，也许不知道怎么做，我不在乎你们有没有找到正确的答案。你们只管用心思考解题，我只想知道你们怎么做这些题目。"这些问题只是一些简单的代数问题——类似安妮和玛丽年龄的问题、多少个5分和10分相加等于85分等，这种只有一年级学生才觉得困难的代数问题。

我发现这些五年级的学生都能很机智地解答这些问题，他们解答的方法很多，有些方法甚至连我都未曾想过。但是当时学校已经开始注意并担心我的教学方法会使课程进度拖一大截，因此通知我尽快赶上进度。虽然我非常不愿意改变，但一时也无法如愿。可是我没想到学生又在这个时候重施故技，我担心情况将会越来越糟。

一九五九年十月一日

不久前盖特博士在来斯礼-艾礼学校（Lesley-Ellis School）做了一段时间的示范教学，我相信我永远会记得这一段在我生命中所见过的最特殊、最令人惊叹的教学经验。

被选出来参加这个特殊示范教学课程的，都是一群情况极严重的低能儿童，包括五六岁和十四五岁的小孩。除了少数面无表情之外，其他小孩看起来都还算正常。我特别注意到一个坐在角落的小男孩——他长得高高的，脸色有点儿苍白，一头黑发。我很少这么仔细而不安地观察一个人的脸。他不断地环视这个教室，好像一只随时警觉敌人可能会从守卫疏忽的地方闯进来的小鸟。他将一边的脸颊鼓起，然后换另一边，舌头不停地舔着嘴唇；另外，他的一只手不停地在桌下猛抓着腿，他的样子让人看了觉得既可怜又可怕。

盖特博士没有时间做太多的课前准备就开始上课了。如果你手上准备有彩色木棒，并一面按照我所描述的情形操作，你可能更清楚课堂进行的状况。首先，他拿出两支蓝色棒（9），分别放在两边，然后在中间放置一支暗绿色木棒（6），因此两支蓝色木棒中间与暗绿色木棒上面，出现了一片3厘米长的空间。他向班上的学生说："你们都照我这样做。"班上的同学照着做完后，他又说："现在你们找出一支木棒来填补这个空间。"我没有注意到别的小孩是怎么完成这个问题的，因为我一直在观察这个黑头发的小男孩。他的动作有点儿痉挛、不灵活。他从桌上的一堆木棒中挑出一支，但它并不能填补两支蓝色木棒之间的空白处。试了几次之后，他和其他同学都找到浅绿色的木棒（3），正好填补了这个空间。

接着，盖特博士将其中一支蓝色木棒的一端推向暗绿色木棒的方向，于是暗绿色木棒就掉在地上。他再将蓝色木棒恢复原状，因此出现了一个6厘米长的空间，也就是原来暗绿色木棒放置的位置。他请学生照他的样子做。大家都做完后，他又叫学生找出一支可以填补这个空间的木棒。他们能够从一堆木棒中找出刚刚掉下去的暗绿色木棒吗？没有人能找到。最后，他们都认为需要暗绿色木棒。

这一次盖特博士又将浅绿色木棒放回原来的位置，出现了原来3厘米长的空间。于是他又叫学生选木棒来填补这个空白处。他们屡试不果，才发现需要和前一次一样的浅绿色木棒。这个黑头发的男孩试了几次后，才找到正确的木棒。其实这些尝试只是碰巧罢了，并不是他们真正了解数的概念。

这实在令人难以置信。每一次的循环，盖特博士都必须重复四至五次，这些孩子才能毫不迟疑地捡出正确的木棒。一面观察这次的示范教学，我一面想着："这种简单的观念，对事物的秩序、形状等的简单的观念到底是如何形成的呢？"我一直想将自己的想象拉回到童年的时光隧道中，但我发觉这确实不容易。因为这不只单纯地假设自己对这件事不懂或对那件事无知，除此之外，我们还必须假设自己是非常幼稚的孩子，所面对的是一个反复无常、不可预知的世界，在这里，事物之间似乎都变得不相关联。另外，还要想象自己和这些孩子一样对这个世界充满了相当的敌意，而这正是和大多数正常小孩的不同之处。

继续观察一段时间后，你猜这个黑发男孩怎么了？我感觉他内心似乎被某些东西刺激了。首先，他的手很明显地因为亢奋而不停地颤动，致使他毫不犹疑地取出正确的木棒。原来他几乎无法解答的问题现在成功了！他的舌头不停地在嘴巴里打转，桌底下的手更是不停地抓着大腿！每次要将正确的木棒拿来填补空间时，他都兴奋得无法握紧木棒，不过最后还是勉强拿到了。"成功了！成功了！"他大叫着，并高举木棒让每一个人都看得见。很多老师都因他的兴奋和喜悦而感动得流泪，他们似乎都能体会他心里所感受到的最令人雀跃的一刻。

不久，盖特博士又提出同样的问题，这一次他在蓝色木棒间放了深红（4）和黄色（5）木棒。黑头发的男孩则只做了一次的循环就知道自己所需要的木棒，同时，这次他表现得更慎重，更有自信。

盖特博士又使用木棒来说明某物是某物的一半，他使用白色（1）和红色（2）、红色（2）和深红色（4）来讲解"一半"关系的配对，而这个黑头发男孩居然也做到了。示范课结束之前，盖特博士又拿了棕色木棒（8）给他们看，请他们找出木棒的一半的一半，这个黑发男孩也同样做到了。

现在我不得不承认，不管别人认为他的 IQ 是多少，他对生活的一切事物已经可以正常反应了。这个孩子一直是班上最聪明的学生，功课表现也很出色。我每次想到他能在 40 分钟或更短的时间内完成一堆数学题目，便不容否认他内心确实潜藏着一股过人的能力和智慧。

这次的经验也应该算是他生命中的奇遇，他永远也不可能再找到任何一个和盖特博士一样的人。盖特博士随时督促自己必须了解学生的聪明才智，掌握他们在任何时间、地点所特有的直接反应与想象能力。这是很少数老师才能做到的。他并没有花太多的时间给这些低能儿童，却能观察到我必须花几天或几个星期的时间才能发现，或者根本无法发现的情况：发掘这些孩子的聪明才智，给予他们扎实、稳固、可借以前进的踏板，以便他们从头开始学习。另外，重要的是，给予这些孩子相当的尊重和信心，相信他们在适当的情况下也能够进行相当程度的思考。盖特博士对这些孩子并没有表现得过于谦卑或怜悯，也没有过度同情的行动。上完整堂课之后，他和这些学生变得好像是同辈、同学的关系，一起研究难题，寻求解决之道。

这件事的意义可能被误解，事实上，它确实被误解了。许多人在读了盖特博士和这些男孩一块儿学习的故事后，会认为我是想说如果盖特再多教一段时间，这些孩子会变聪明。其实，我想说的是，他们本来就很聪明。盖特博士在大约一个小时的时间里，把他们放到一个缩小的宇宙中，在这里，他们可以运用自己的智慧解决问题，并且清楚自己做得对不对。

许多人在终于明白人类的智力不是固定不变的之后，可能会做出这样的推断，那就是，我们可以像教数学、历史或英语一样把孩子教聪明。但是就像学校里教的其他学科一样——"我知道你应该会什么，我会让你学的"——只会适得其反。

我们不用把孩子"变得"聪明，他们生下来就很聪明。我们要做的是不要把他们变笨。

那些很有才华的老师，总是能想到教学的新点子。然而，他们其实和那些只会照本宣科的老师一样，也可能给孩子的学习带来不好的影响。这些老师不懂得适可而止。他们就像帮助朋友推车的人一样。他们很卖力，终于发动机开始工作了。开车的人说："好了，我走了，你放手吧。"可是推车的人不会放手。他会说："不行，只有我推着才能走。"因此，这辆本来可以全速行驶的车只能慢下来——除非开车的人很想开走，并且把他的朋友摔个大马趴。而大部分学习者，尤其是小孩，无法摆脱他们的老师。

某种教学方法的发明者总是认为，如果一种教学方法促进了学习，那么一百种方法一定可以促进教学提升一百倍。不是这样的，一百种方法可能会妨碍学习。

我在教室里上课很长时间之后才发现，我临时想到的所谓的"好点子"很少产生理想的教学效果。孩子们有敏锐的观察力，他们会觉得我有点儿不对劲。教室里都是十多岁的孩子。我不再是一个40岁的教师，我好像变成了一个科学家，屋子里都是用来做实验的动物。我不再告诉他们真理，而是拿他们做实验。他们会很快地退回防卫与逃避的策略，开始偷偷瞄我、探问、暗示，跟我说："不明白。"他们在我的眼皮子底下变傻了。

在我教自己的最后一个五年级班时，我已经对此有了充分的认识。一旦出现这种情况，我就会放弃新方法，而使用我们都比较熟悉的、孩子们感觉很舒服的教学方法。如果我发现什么很有趣的小教具，我会把它放到教室的一个角落，直到有学生来问我："那是什么？有什么用？怎么玩啊？"或者，如果我想组织某项活动，我会先自己做一下。因为我认为，我自己都不感兴趣的活动，学生是不会愿意做的。我也不会让他们去做我自己都不喜欢的事情。

一九六〇年二月十四日

我递给爱德华一把木棒，并问他："这一把木棒加起来的数目等于多少白色木棒（1）？"他开始计算这些木棒。他先以10厘米为单位来安排这些木棒——一共是15排10厘米和一支深红色木棒（4），然后他开始以十进制来计数，他每指一排就一面计数："10、20、30……"一直到100，最后剩下5排10厘米和一支深红色木棒，他竟然数："200、300、400、500、600、604。"这确实让我吓了一跳。

我叫他再算一次。他知道自己一定算错了，但这一次他还是和上次一样数到100，接着用手指一面指着剩下的木棒，一面数："101、102、103、

104、105、109。"算完后，他对自己的算法显然并不满意。

于是他再从头开始算，并且说："我先把每一排当成1。"但是每算到第10次10时，他却说是1000，然后将剩余的每一排算成100，结果答案是1500。搞得一团迷糊之后，他又回到原来的算法，而且在算了几次之后答案总是604，所以他便很肯定地说这个答案是对的。

我将这一堆木棒分成两组：10排10一组；5排10和深红色为另一组。我先问他每一组的数目。算完后，他告诉我较大的一组是100，较小的一组是54。后来我又将这两组木棒放在一起，再问他数目总共多少，结果他还是说："604。"

当时我就该意识到我的问题对他毫无意义。我认为自己是在用木棒测试他对数字的理解。现在我发现在他的大脑中，数字和这些木棒毫无联系。

我要补充一下，爱德华成绩很不好，所有科目都低于年级平均分，尤其是数学成绩。如果他在学校成绩很好的话，我也不用为他的理解力犯愁了。

我本来应该这样做。我该给他一大堆白色木棒，然后让他想一下这些木棒最长可以排多长。我还应该找一个1米的木棒或者米尺，这样爱德华就可以检测自己的想法是否正确。但是，首先让他发现木棒和数字之间的联系，可能更有帮助也更有必要。要让他明白6个1厘米的木棒有6厘米长。木棒的意义在于建立数量——6个这样的，5个那样的和长度——6厘米或5厘米之间的联系。我对此很清楚，可是对爱德华来说不是这样的。

我可能永远不会知道他怎样理解我的问题，怎样理解我的要求。

他知道我在问他一个用数字回答的问题，他也知道有些木棒是跟数字有关系的。他可能就是想找到某个数字来让我满意，他根本没有办法利用他在现实生活中的经验来解决这个问题。一年之后，我才想到一些问题，在这些问题里，孩子们可以检测他们对现实的理解。这在以后的章节会有详细讲解。

这一次我将深红色木棒移开，然后再将木棒分成100一堆和50一堆。分完后我问他每一堆的数目，他告诉我较大的一堆是100，较小的一堆是50。但是当我又将两堆并在一起时，他又回答："600。"

接着，我将100拿出来问他："这是多少？""100。"加了一支白色木棒后，我又问他："现在多少？""101。"他说。我再加一支白色木棒，然后又问："多少？"他说："102。"这样一直继续加到109后，我再加一支白色木棒，等于第11排10，我问他："这是多少？"他回答："200。"我说："好吧！今天到此为止。"

这使我想起爱德华以前的老师也曾帮助他做过几小时的个别数学辅导，但是他的辅导就是加强教导他认为学生应该知道的解题秘诀。从来没有一位老师愿意去了解学生对数字的认识和学生对于数字领域所持的心态及他们的感受。这和我多年来所犯的错误一样。事实上，如果这个男孩能处于较良好的环境下，他能够很正确地解答出很多数学问题，当然就不会是班上数学最差的学生了。

这些不同的反应是很明显的，但是很多老师似乎并不在乎这种差异。如果你发现某个学生不会做乘法运算时，你可以只告诉他运算的方法，并且让他多做练习、多背公式。如果他还是做错，你再教他方法，且叫他再多加练习。这样重复几次后，如果他还是做错，你就应该判断他是否愿意学习。

有的老师会认为这个学生太笨、太懒、缺乏组织能力，或情绪不稳定。但我不认为这个学生没有学习能力，我认为他可能是没有理解这些数字或符号的基本特性，对他而言，如果数字没有任何意义，那么乘法对他就更不可能有意义。教导这种学生学习乘、除法等算术运算时，就好像建造高楼大厦一样，你只要付出毅力和信心一定能达到目标，但是务必先重新稳固基础。这样就不至于使很多学生都和爱德华一样陷入困境了。当然，这必须要求他们的老师都能够耐心、循序渐进地指导他们，而不要老是认为这些学生应该了解所有的概念和知识。

学校一直都是这样的，无论是无可救药的市中心的学校还是久负盛名的大学的研究生院，大家有一个共识：学生有了成绩，功劳是学校和老师的；学生没有成绩，问题一定出在学生身上。虽然措辞不同，有人说他们"笨"，有人说他们"文化劣势"或"学习低能"，但意思都是一样的。学校和老师只会对好的结果负责。

有一次我请班上的同学列出他们所知道的数对——较小的数目必定是较大数目的1/5。爱德华回答："（1，5）；（5，25）。"想了一会儿之后，他突然决定将每一个数字各加1，结果得到的数对是（2，6）；（3，7）；（4，8）。答完题目之后，他把题目的内容忘得一干二净，脑海里早已经另有所思了。他根本没有印证答案是否正确。

造成这种心态的原因是，在印证答案时比较困难的是必须随时记得两件事——你必须了解并记得你所做的题目；你必须注意自己应该采用什么方法来做这个题目。爱德华的注意力比较有限，所以等他想出解题方法之前，他也已经忘记自己在做什么了。有时我会想，当他要拨电话给朋友时，他可能会将电话号码写在记事纸上再放于电话机旁，然后边念边拨电话，拨了两三个号码后，他可能已经忘了其他的号码了，于是低头看看记事纸，以便提醒自己其他的号码。这时，他可能又忘记自己已经拨完的几个号码，因此只好从头开始拨，我想他打电话的情形大概不如我所想象的那么荒谬。不过，很不幸，他做数学作业正是如此，因为我经常听到他自言自语地说："糟了，我算到哪里了？"

如果我叫他写出几组数对，其中一个数字是另一个数字的一半，他会回答："1是2的一半；2是4的一半；4是6的一半；6是8的一半。"如果是1/3的关系，那么他会写："3是6的1/3；1是6的1/3；6是12的1/3；12是18的1/3。"如果是1/4，他则回答："4的1/4是1；40的1/4是10；70的1/4是40；100的1/4是70……"或者，"4的一半是7；21的一半是14；28的一半是21……"对于两个数字之间的关系，他唯一认识的是加法，这是他过于依赖加法运算所造成的。

爱德华上数学课时总是显得很笨拙，因为几年来他一直是混过来的。这种笨拙的表现和模样似乎已经定型，难以改变了。但是只要想到盖特博士和那些低能儿童，我就有信心，我相信我一定能改造爱德华——既然他的聪明才智是被破坏的，当然也能重新被建立起来。

一九六〇年三月二日

以下记录说明我从二月十四日的经历中得到了一些启示。

一个学生如果确实学习且理解了课程,他应该能够吸收并加以运用。所有的新知识和他内心原来的认知应该能够彼此协调、融会贯通。一有机会运用,便能很快发挥所长。否则,零乱、不实际的学习是非常空洞的。花同样时间去学习和自己原来的认知格格不入的知识,对学习者而言,实在没有什么用处。

由于正在学习使用木棒做算术演算的一年级学生知道利用木棒的长度和名称,因此每次使用时,便将橘色木棒称为10号棒。我们一直无法改掉他们这个习惯。一般学校都教过学生十进位,所以他们都懂得重复计数。有一天,我突然想了解这些学生真正掌握和运用数字的程度,例如,38可以使用3支橘色木棒(10)和一支棕色木棒(8)来表示。我问他们,如果他们沿着自己的桌边测量,那么将38支白色木棒排成一排,能量到哪里。有一个小女生马上拿出3支橘色和棕色木棒排列在一起给我看,很明显地,从她的表情可以看出她是要告诉我:"这并不难啊!"其中有七八个学生,包括班上最优秀的学生都将白色木棒排列起来,但是他们每次都忘了算白色木棒的数目。

这表示学生虽然知道暗绿色木棒代表6,却不见得了解它等于6支白色木棒;也许他可以正确地回答你,但却不会正确地加以运用。对他们而言,"6"只是"暗绿色"的代号,它和尺寸大小无关,而且他们也不知道它和其他木棒之间的关系。他们视木棒为另一种数字——一种彩色木头制的符号,而不代表具有数值的数目。如果你问他们"5+4=?",他们会分别找出写着5和4的木棒,两端相接,然后再找出写着"9"的木棒。事实上,他们并不懂5+4的运算。

如果你叫一些二年级的学生做一些题目,如:59+42+35=?他们会搞得迷迷糊糊,结果答案可能是1200或是更多,而且他们对自己的答案觉得很满意。他们不觉得1200的值可能太大的原因，是因为他们对1200的值到底有多大根本毫无概念。如果我们叫学生计算他们所不了解的大数目时，不能期待他们做合理的演算，或与现实互相验证。也许我们应该多问以下的问题：38（或50、75、100、200、500、1000）支白色木棒能接成多长？多少白色木棒才能排满一个矩形、一张桌子、一个房间的地面？多少木棒才能填满多种不同尺寸的盒子？

如果我告诉学生：我懒得用冗长的文字来叙述一句数学语言，而他们也都能接受所有数学上的速记符号。首先，我确实厌烦做那么冗长的叙述。其次，他们逮到一个取笑我偷懒的机会。而且他们觉得（事实也是如此）接受我的速记符号是给我一些恩惠。他们通常不太喜欢我逼他们去记住某个符号的意义，对他们而言，这似乎显得高深而神秘。但是，如果你所讲的是一些他们所熟悉的关系或运算，他们都愿意接受你使用简单的形式来表达你的叙述。那么，我们可以将这样的叙述"2支白色木棒和1支红色木棒一样长"，改写成"2支白色等于1支红色"，甚至改成"2w（white，即白色）=1r（red，即红色）"。

毕竟，人类创出数学符号，是为了节省冗长的文字叙述，所以我们在课堂上所教导的内容是既合乎逻辑，又不违背历史的。符号的本身并没有意义，除非我们赋予它某种意义，因此，为什么我们不让学生也参与这种决定呢？

我们所犯的严重错误，是要求学生做超越他们能力的运算。叫学生做类似于37-28=？的题目之前，你必须确定他已经知道哪一堆的白色木棒较多——37的一堆较多，或28的一堆较多？多了多少？另外，在你告诉他计算规则之前，他应该能够轻易地算出这类问题了。其他的数学运算也是这样。对这些学生而言，算术应该是一种更简单、更迅速解答问题的方法，而不应该是一套解答无意义问题的神秘方法。

我现在仍然是这样想的。然而，现在廉价的计算器为学生们提供了另一种学习数学的方法。我们可以拿一个最简单的计算器，只能算加减乘除的那种，来教学生怎样做题。比如，3+8=？我们可以告诉学生："首先打开计算器，按下 3，然后按下 +，再按 8，最后按 =，答案就出来了。"要做 4×6，"按下 4，然后按 ×，再按 6，最后按 =，就可以得到答案了。"不要对学生解释为什么，他们很可能会想到更多的计算题并在计算器上找出答案。他们会得到很多杂乱无章的数据，就像他们最初听到的语言一样。不过，也正像学习说话一样，他们会慢慢探索这些数字之间的联系。他们会研究计算器为什么会得出这样的结果，甚至会自己预测计算结果。

总之，他们会自己探索计算的过程，至少对部分数字形成自己的理解。

一九六〇年四月十六日

上我数学课的学生有 16 个，其中 4 个学生程度较差，1 个平平，其余的同学都很聪明、优秀，特别是他们均擅长数学。

有一天我问学生："如果我拿了一张 1437.50 美元的支票到银行去兑现，并要求银行以 10 美元的纸钞兑换给我，那么我会拿到多少张 10 元纸钞？"我把这张支票的数字写在黑板上。这些学生在纸上涂写一阵之后，答案便一一写出来了。结果没有一个是对的，而且大部分都错得非常离谱。有些学生即使试了两三次，答案仍然不对。

我将黑板上的数字擦掉，再换成75美元。"你们能拿到多少张10元纸钞？"每个人都知道答案。于是我又写175美元，然后问："现在呢？"这个问题比较困难，所以只有少数几个同学答对。过了一会儿，我指着175中的7问他们："7代表什么意思？"他们说7代表我有70美元或7张10美元纸钞。我把他们所说的记在黑板上，然后再问他们："那么1又代表什么呢？"他们都回答："1表示我们有100美元。"没有一个人说我们有10张10美元纸钞。于是我问他们："以100美元，我们可以换几张10元纸钞？"他们都回答："10张。"我对他们指出这10张10美元纸钞加上他们刚刚告诉我的7张，一共有17张。接着我将第一次所写的数字——1437.50——再写在黑板上。我提醒他们须从每一个数字逐一讨论，3表示我们有3张10美元，4表示有40张，1表示有100张，所以总共有143张10元纸钞。我将1437中的143圈起来，这时每个人都恍然大悟地说："哦！原来如此。我会，这好简单啊！"但是我还是怀疑他们的理解能力，我也不相信我的讲解有这么神奇的力量。

两天之后，我把14357.50美元这个数字写在黑板上，然后问他们："如果我拿这张支票去兑现，我能够换多少张100美元的纸钞？"答案分别有43、17、107、142、604、34、13100和22。我在黑板上公布答案之前，我发现有一个学生第一次就答对了；有4个学生猜了好几次才答对；11个学生则完全答错。于是我又将14357这个数字写在黑板上，并一个数字接一个数字加以分析，对他们指出每一个数字所能换得的100美元纸钞的数目，相加后总共有多少张100元纸钞。但是我仍然怀疑他们是否真正明白了我的讲解。

很多学生因为不了解除法，所以都觉得除法很困难，而且也不太可能了解。即使只是很简单的除式，如：$260 \div 5$。我们不可能将260慢慢分配给5个人，因为这太浪费时间了。因此，我们最好将它换成更简便的方式，以便讲解。如果我们将260换成10的单位，那么总共可以换算26个10的单位；先将 25 个 10 的单位拿来分给 5 个人，于是每个人便可以得到 5 个 10 的单位，结果还剩下 10；再将剩下的 10 换成 10 个单一的数，分给 5 个人，因此每个人可以得到 5 个 10 和 2 个 1。我们这种除法运算的方法完全借助兑换的观念。如果学生对于除法没有任何概念，或对数的概念也一知半解，使用这种方式可以为他们减少很多的困扰，使他们能和其他大多数学生一样熟悉除法的运算。

詹姆斯·赫恩登在他的那本重要又有趣的《在学校求生存》中写了很有启发意义的一章，叫作《最笨的班》(The Dumb Class)。这个班他教了好几年，是由学校里最笨的孩子组成的，他们根本不会也不想学习。班里有一个比一般同学更笨的男孩，根本完不成任何作业。

一天，詹姆斯在一个保龄球馆碰到这个男孩。他很震惊地发现，这个小男孩在这里有一份工作——为晚上的联赛计分。在两个赛道中间有一把高高的椅子，他就坐在那儿，同时为两个赛道计分。他要清楚地记下每一次击球的成绩。詹姆斯指出这不是政府安排的。保龄球馆愿意付钱让这个孩子来做，是因为他记得又快又准确——在竞争激烈的联赛中，没有人愿意为计分错误负责任。

所以，詹姆斯想到，在学校里，也可以给他做有关保龄球的题目。他竟然做不出来！那些关于保龄球的题目，他给出的答案不仅不对，简直就是荒谬。那些笨孩子在生活中可能很聪明，可是一进学校，他们就变傻了。正是枯燥无趣的学校，与实际生活毫无联系，把他们变傻了。

一九六〇年六月二十日

我们如何知道学生对于我们所上的课程是否真正理解了呢？记得当学生时，我会知道我对哪些概念已经理解，哪些仍不理解，但理解课程和学期分数并没有绝对的关系。记得大学最后一堂数学测验，我获得相当高的成绩，但是整个学年结束后，我很清楚自己对于课程的内容并没有什么概念。在科罗拉多时，我以为我的学生一定很清楚自己不理解的地方，我也不断提醒他们要勇于发问，这样我才能为他们做更详细的讲解，让他们都能解开疑问。但从学生一次又一次失败的经验中，我渐渐明白几百个学生当中几乎没有人知道自己的疑问在哪里，应该怎么发问。我们不必担心理解力强而优秀的学生，但是我们如何去发现观念模糊的学生的疑问呢？

要了解学生的学习成果，最直接的方法就是测验。但哪一种测验可以确实测知学生的学习成果呢？我看过很多学生的答案都是瞎猜胡写出来的。事实上，他们对自己所做的解答根本没有概念，他们只是盲目的答案主义者。有些学生甚至模拟我的讲解方式，但结果却是不知所云。更糟的是，有很多学生因恐惧测验而无法发挥能力或表达出自己所拥有的知识。虽然有些学生对自己所学具有独到精辟的认知，但一旦叫他们用语言表达时，他们会感到迷惑、恐惧，而无法发挥所长。

今年我使用了一种测验方式——混合多种问题的测验，这是解答这个问题的部分答案。由于我不希望学生变成自动答问的机器，这种测验正可以使他们真正用脑筋思考自己所面对的问题。另外，变化问题的形式可能对他们也有帮助，如果今年内显示这种测验的形式也无法达到学生学习的效果，那我们又该采取什么方式呢？

如果我们心里常常记着"理解"的条件和标准，可能也有帮助。我认为如果我真正了解事情，至少我可以做到下列几点：（1）我可以用自己的意思和语言来表达它；（2）我可以举例说明；（3）无论它以何种情况或何种方式出现，我都可以指认出来；（4）我能将它和其他事物或观念融会贯通；（5）我可以将它运用在各种情况中；（6）我可以预知结果；（7）我能以反面或相对的情况来讲解它。以上所列的几点只是初步判断学生是否理解某个观念的标准；另外，我们如果能观察出学生无法发挥的能力，或他所表现出来的学习能力和实力相符，我们便可以帮助学生达到真正的学习。

有很多老师并不承认学习有真学习与假学习的差异，这也是他们解释"理解"这个难题最简单的方式，他们只要随口说没有这回事，就不必再为学生的学习问题感到头痛。根据很多心理学家的观点，如果你能回答$7 \times 8=56$，这就表示你对等式已有相当的认识，而且和其他持相同答案的同学的理解能力相当。很明显，这种观点在很多心理学家之中已经相当流行。他们似乎都承认数学家、三年级学生和受过良好数学训练的鹦鹉对这个等式的理解和体会程度是相同的；不同的是，数学家的脑海里存有更多这样的等式。所以，如果我们要使学生都成为数学家，只需要朝这个方向训练他们，给予他们适当的环境、条件，直到他们也能够举出很多这样的等式即可。换句话说，你只需要教导他们，使他们也能够像爱因斯坦一样发表那种伟大的理论，那么，你就培育出另一位爱因斯坦了！

令人意外的是，竟然有人相信这种理论。很明显，这种观念不仅极为盛行，而且非常适用于行为理论者，这种理论对某些老师来说是一种安慰，他们认为自己的工作就是将一些知识灌输或塞进多数未经运转的心灵里，迫使每个人都能不断地接受教学训练和单调教学机器的运转。

我们都知道$7 \times 8=56$所包含的并不是唯一等式的观念，等式只是数字领域中的一小部分知识，真正理解这个等式的人能够将这一点知识拓展，运用到所有的数字领域里。如数学家除了知道7×8=56之外，他还知道这个乘式的答案是整数。另外，他也知道7×8，14×4，28×2或56×1的值是相等的。他知道7×8=(8×8)-8或(7×7)+7或(15×4)-4，等等，也知道7×8=56是一种表达关系的符号，因此可以使用这个乘式来诠释很多实际的事物。于是，他可以运用一个8单位长和7单位宽的矩形，变成56平方单位的面积。但是学生通常只像鹦鹉学人类说"7×8=56"一样，他不知道也不了解这个乘式和实际事物的关系，或与其他数字领域的关系，只是盲目地背诵。如果忘记了自己所背诵的数字，他可能就会答7×8=23，7×8<7×5或7×10；或者他知道7×8是多少，也可能不知道8×7是多少，也许将两者视为完全不同的乘式。纵使他记得7×8，也可能不会运用。如果你画一个7厘米乘8厘米的矩形问他：这矩形需要多少块一平方厘米的木片才能填满，他会将一块块的木片排在矩形上再计算总数，他不了解自己的答案和他所记得的乘式到底有什么关系。

知识、学习、理解并不是绝对一贯的系统，不论是数学、英文、历史、科学、音乐或其他的知识，其本身就是一个广泛的领域。求知的人不应该只知道这个领域中的事物，而必须了解事物、概念之间的区别，加以比较，彼此融会贯通。例如，你能够指出一个房间内有多少桌子、椅子、灯座，这和你闭起眼睛也能指出桌子、椅子的位置，是两种截然不同的"知"。你知道一个城市的街道名称和到达目的地的方法，两者也是不同的"知"。

> 我现在比以前更加相信这一点，并且我认为它和这本书里提到的任何其他观点一样重要。

我们谈论这个世界及我们对世界的认知时，为什么像是线性的？因为谈话的性质就是线性的。语言的表达是片面的，并且采用重点叙述的方式，我们别无选择。为了适当地将我们所认识的世界表达出来，我们只有将真实、不可分割的世界删减成一个个片断，然后再将它们串联起来谈论，像整串的念珠一样。但是，我们心里都很明白这些串联起来的叙述根本无法表达出真正的世界。除非我们能将这些语串融会贯通，了然于心，否则我们的学习即是不确实、不完全、不正确的。总之，这种学习是毫无用处的。只有能够使所学习的知识和实际运用能彼此呼应，才能真正肯定自己学习了某些知识。

在学校，学生强记、储藏了这些语串，但并没有加以消化和吸收，所以在必要时，他们可以原封不动地表达出来。事实上，他们只是在浪费唇舌而已，因为他们无法有效地运用自己所学的知识来解答任何问题，或和其他的观念融会贯通。他们的叙述都毫无意义，只是像鹦鹉模仿人类的语言一样。那么，我们应该如何将学校变成真正的学习环境，而不只是一个"吞"话的地方？

我现在意识到当我们想要知道学生们究竟学会了什么时，我们很可能会破坏他们本来已经掌握的知识。只有当人们已经熟练掌握并能运用某项知识时——大多数学生做不到这一点——他们才有可能谈论为什么他们认为自己掌握了这些知识。要想知道学生们到底掌握了多少，我们能做的就是观察——观察他们在自由地做自己想做的事情时的状况。

有时候，我们还可以创造条件，让学生们测试自己的掌握程度。

我们一定要记住,并不是说,如果一个测试方法是好的,一百个就更好。最好的方法还是学生们从自己的经验中得出的。

一九六〇年九月十一日

有一次拜访朋友,他们曾请我指导他们 10 岁小女儿的数学。因为这个孩子是我看着长大的,所以我就答应了。由于彼此熟悉,所以我想我应该更了解她思考数学问题的方式以及如何帮助她。我先以心算问题来测验她。我计划先问她 2×76 是多少,如果她能告诉我正确的答案,我再问她 2×77。从这两个乘式中观察她是否知道后者的值是前者加 2,或将两者视为完全不同的题目。但是她的答案竟是 $2 \times 76 = 432$,这让我放弃原来要进行测验的构想。

我们进行了一段心算之后,我发现她对这个问题的心算方式是先将 2 乘以 6,再将 7 乘以 6,也就是说她所演算的是 6×72,我叫她再算一次,结果她的答案还是 432。由此可知她根本不在意我对她的错误的提醒。

后来我又问:"2×100 是多少?"她回答:"200。"我再问:"2×90 呢?"答:"180。"问:"2×80 等于多少?"她停了一下后说:"160。"问:"2×76 等于多少?"答:"432。"问:"2×70 等于多少?"答:"140。"问:"2×80 是多少?"答:"160。"问:"2×76 等于多少?"答:"432。"问:"2×100 等于多少?"答:"200。"问:"2×200 等于多少?"答:"400。"问:"2×76 呢?"答:"432。"……这时她停了下来,疑惑地看着我说:"等一等。"她拿了一支笔和一张纸来,然后自言自语地说:"没有道理啊!我得好好算一算。"结果,她在纸上的解答是 $2 \times 76 = 156$。

当她说出"等一等"时，我观察到了一件很重要的事。这可能是她生平第一次发现我对于问题的要求，不只是问题"对"或"错"而已，更要求答案是否"合理"。同时她还发现自己即使不知道正确答案，却也知道它是不合理的。

做了很多题目之后，她对自己的发现感到很满足，于是带着喜悦的微笑进入梦乡。后来，我告诉她的父母有关她做题目的情形，并向他们说明如果小孩子不了解计算数字的原委，只是一味地记些不相干的公式或秘诀，就会被数字所困扰。她的父亲说他非常了解我想尝试用古氏积木来为孩子建立数的概念，但是她母亲却愤愤地说她不了解也不接受这个新观念。总之，她要继续以传统的方法来教导她的女儿，就是每天派给她几页作业，并告诉她如果没有全部做对，还要给她做更多的作业。

我对这位母亲的反应实在感到很震惊。她为什么要拿做数学作业当作对孩子的惩罚呢？我想起许多我所认识的父母，他们大多不止一次要求我必须严厉地管教他们的小孩。这无非是将学校视为一种学术惩罚的机构，却不在乎自己的孩子是否必须接受一些不愉快的处罚。为什么这些父母如此痛恨自己的孩子呢？

一九六〇年十月十六日

我问新的五年级的同学："你们需要多少白色木棒（1）才能在你的桌面上摆满一排？"班上15个学生中，大约有一半的人开始使用橘色（10）木棒来测量，其余学生中只有一个例外。他们都将白色木棒排列起来，等白色木棒用完之后，再开始使用红色木棒（2），而且并排着，以便和白色木棒对齐。红色木棒用完之后，他们开始使用淡绿色（3）木棒，并以同样的方法将整个书桌排满，然后才开始计数。

这些学生使用木棒计数已有三个星期之久了。目前他们都很熟悉这种方法，而且也都很清楚每支木棒的长度，并能一一以长度来称呼。例如，将橘色木棒称为10号棒，他们就知道它的长度等于10支白色木棒。令人惋惜的是，他们无法将知识转换，以便让自己更容易地解答问题。

然后我问他们："你们需要多少支白色木棒才能盖满一张活页纸（大约23厘米×15厘米）？"这时有10个学生开始用木棒将整张活页纸盖满，其中有几个同学排了一会儿之后发现每一排的长度都相同。其他不知道每一排的长度和排数的学生，仍继续用木棒盖满整张纸。另外，有两个学生用木棒盖在纸张上面。他们将木棒竖立起来，结果每一支木棒不管长度和颜色都只占了一平方厘米的面积，而在他们还没有盖满纸张之前，就把所有的木棒都用完了，这一回确实让他们不知所措了。

杜拉用木棒盖满整张纸后，告诉我说："只要44支白色木棒就够了。"这是她瞎猜的。我问她："那么你需要多少支白色木棒才能盖住橘色木棒？"她回答："大约8支。"我再问她："你实际动手量量看，再告诉我答案。"她量完后告诉我说需要10支白色木棒。我又问她："那么，你需要多少白色木棒才能够盖住4支橘色木棒呢？"她一言不发地注视着我。

一九六〇年十月三十日

有一天我们正在做九九乘法的演算，我对这次演算的结果感到非常吃惊。我们拿了一张10×10的平方格纸，也就是说纸上总共有100个平方的方格——每行10格，共有10行。我们从上面第一行和左边第一列开始，分别写上1到10的号码（但没有按顺序排列），于是这100格都分别有了行数和列数的编号。例如，我如果指出第 2 行第 3 列的方格，学生就要在那一格写出 6。如果指出第 5 行第 7 列的方格，那么，学生就必须在该方格填上 35，以此类推。

在马荣莉的方格纸上，我发现她的答案是 $4\times 6=22$，$4\times 4=20$，$4\times 7=32$，$10\times 10=20$；右边的方格上则是 $10\times 2=22$，$8\times 8=48$，$8\times 6=59$，$8\times 4=40$，$8\times 7=49$，$8\times 9=42$，$7\times 5=35$，$7\times 8=24$，$7\times 7=49$，$7\times 9=45$。在第九行，她则写着：$9\times 9=69$，$9\times 10=40$；第四行上是 $4\times 8=62$，$4\times 9=40$。

从这个表中，我们能断定马荣莉的问题只是不会背乘法表吗？

一九六〇年十一月十二日

几天前，我辅导马荣莉做功课，她停下正在进行的问题问我说："我可以问你一些事吗？"我回答："可以啊！你尽管问。"她说她每次都用手指计数（露出很窘的笑容），可以一直数到 10、11、12、13，等等。有时候她用拇指数 10，食指数 11，中指数 12，但有时却变成拇指数 11，食指数 12，等等。不管是哪一种情形，每次的答案总是不对。她问我可不可以教她正确的数法？我说："你可以举例说明真正的情况吗？"然而她却举不出例子来，像她这样的学生通常都不知道怎么举例。

我想她所需要的是彻底的革新。她脑子里装的都是些无意义的概念，她所记得的知识也是一片零乱，毫无系统可言。因此，她无法做出任何的归纳和结论。如果要将她脑子里杂乱无序的知识整理起来，必须先将这些东西倒空才能理出一点儿头绪。如果她能把脑子里零乱的事实丢掉 9/10，或许可以开始学点东西。

有一次，我叫同学举出以 p 结尾的动词。马茱莉听完我的话后，变得很激动，脸上一阵苍白，最后几乎以歇斯底里的声音说："我做不到。"我问她："你做不到什么？"这是一句很没有意义的话，但却是我当时唯一能够回答的话。她说："我还是不懂。"我重复了我的问题，并请她跟着我说。说完后，我问她："你是否知道动词是什么？"她说她仍不知道（事实上我已经重复说过几次动词的定义了）。我举了一些动词的例子跟她讲解，她才松了一口气继续上课。我想问她："你怎么不告诉我你不知道动词是什么？"我想了一会儿，才恍然大悟个中缘由。等我问她时，她还不知道自己对动词一无所知，只知道老师叫她做一些问题，她却不会做。她完全没有能力分析我的指示，无法分辨哪些话有意义，哪些话没有意义，不知道哪些是自己所了解的，哪些是自己不了解的。

像马茱莉这种学生，做任何事都习惯等老师告诉他们如何做，然后他们盲目地模仿，却不学习从别人的谈话和指示中领悟意义。事实上，他们并不相信口头的指导能传达知识，也不期望凭着别人几句话就依命行事。他们根本无法分辨目标和到达该目标所应遵循的途径，以及所应采取的方法和态度。假设某人给他们一个问题，他们也可能不知道"该怎么做"。如果他们不知道，那么，这个问题对学生而言就等于没有任何意义，而他们也不会动脑筋去思考。

如果孩子还不了解符号的具体意义，就要求他们进行运算，这是很危险的。他们可能会像马茱莉一样，认为所有的符号对他们都没有意义。我觉得我们在教学过程中闲话太多，速度也太快，以致让学生没有思考的机会。

一九六一年一月二十六日

前面我曾经提到盖特博士在示范课堂中给低能儿童提出的问题。有一次，我拿这些问题问杜拉——她是我的学生中反应最迟钝的一个。直到现在为止，做过这些问题的每一个学生都只试过一两次，但是她却做了五六次后才告诉我："我知道这个题目是什么意思了。"如果她能毫不迟疑地找到正确的木棒来填补空白处时，我会说："你越来越聪明了。"然后再继续另一个题目。

有些老师并不相信这个游戏的功能。第一，也是最重要的功能，它能使孩子享受到自己解决问题的喜悦，不需要靠别人的帮助，也不需要使用让他们觉得困扰而且容易忘记的公式；第二，它可以使他们了解物体活动的方式，这是孩子不曾了解过的事实。也就是说，从这个游戏中孩子将体会到没有生命的物体的活动仍有着一致性，是可以加以预测的，它们并不是反复无常或无迹可寻的。

有些学生比较迟钝，这可以从他们迟钝的观察力看出来。我曾经叫杜拉回答我6支（或4支，或其他数目）白色木棒的长度和哪一支木棒一样，她总是拿2厘米、3厘米或太长太短的木棒出来，即使与白色木棒仔细地比画之后，她仍然无法确定自己是否选对了木棒。难道她的大脑还没有传递信息吗？或者她不相信自己的大脑所接收到的信息？

如果我们肯花一段时间，也许能重新建立这些学生的智慧，因为不当的数学运算会加速摧残他们原有的数学知识。如果我们能够适当地指导他们对数学的运算，对于重新建立他们这方面的知识应该有所帮助。在他们学习的过程中，我们必须杜绝外界给他们的影响，同时，让他们觉得"不懂"并不是一种压力、羞耻或愚笨，这样我们才可以不很难地为他们做重建的工作。很明显，这样的要求太高了。

"重建他们的智慧"是不正确的说法。当我们认为我们教的是事实时，学校已经给孩子们造成了伤害。如果认为我们是在建立或重建学生的智慧，那我们造成的伤害就更大了。人类生来就是智慧的。人天生就是会提问、会回答、会解决问题的动物，尤其是在小时候。但是在某些条件下，这些条件可能存在于任何地方，但是几乎任何时候的学校都有这些条件，在这里，我们不再使用我们强大的智慧，不再想用它们，甚至不再相信我们有这样的能力。

补救的办法不是想出越来越多的"重建智慧"的方法，而是想办法摆脱那些把人变笨的条件，同时，为他们创造再次重新使用智慧的情景。大脑也和身体一样，痊愈的最好办法就是不要老把伤口撕开来检查是不是痊愈了。

对于杜拉来说，那节课很有意义。在她上学的6年时间里，根据学校的成绩记录，她一年也就能学到半年的知识，而这一节课的意义顶得上一年了。这不是因为我教给她很多有用的知识或重建了她的智慧。事实上，我教给她的很少。直到那年的深冬，当我确定她已经在家待了足够长时间，不再害怕上课时，我才开始教她一些东西。

当然跟学校里其他班比起来，我们班比较活泼、有趣、合作，也没有侵略性，这对杜拉很有帮助。她不用害怕自己会有麻烦或看起来很蠢，终于可以从她的小世界里探出头来看看周围。她在我们班待了没几个月，她的妈妈就打电话来感谢我。因为我几乎从来没有单独辅导过她，她的作业也没有明显进步，我不知道她妈妈为什么感谢我。我旁敲侧击，终于明白了。她妈妈告诉我，在杜拉过去上学的6年里，放学回家后总是一言不发，整个晚上都不说话。现在呢，她一上车就开始说，在路上也说，整个晚上都在说。说什么呢？说她有才的老师——霍特先生吗？根本不是。她说的是她的同学们做的说的有意思的事情，那是她灵感的来源。

当然，我很愿意承认自己还是起了一定的促进作用。但是，我绝对没有"重建杜拉的智慧"。她在学校里最有意义的时光也不是跟我在一起的时光。

一九六一年一月三十日

我叫安迪排5堆白色木棒，每堆8支。然后我递给他8个纸杯，请他将白色木棒平均分置于纸杯中。对于乘法有概念的学生，马上知道每个杯子必须放5支木棒；稍笨一点儿的学生会说："5×8=40，我有40支木棒，如果我将40支木棒平均分配在8个纸杯中，那么每个杯子就需要放5支木棒。"安迪并不属于这两类的学生。他先在每个杯子中各放置8支木棒，直到将所有的木棒分完，才发现木棒不够分配。后来他改为在每个杯子中先放4支木棒，结果剩下8支，我想这一次他会将剩下的8支木棒平均分配在8个杯子中，但令我惊讶的是他竟然拿起所有的木棒重新分配，然后试着在每个纸杯中先放6支木棒，当然木棒又会不够。最后他再试放5支，这一次总算分完了所有的木棒。

这种课程的优点之一是，我们可以看出安迪在寻找解答的过程中对于自己所犯的错误并没有什么概念。其实他可以从每一次的失败中一步一步地接近答案，但对五年级的学生而言，像他的这种计算方式实在显得笨拙。然而他并没有感觉到失败的挫折和羞耻，反而以拥有这种经验而感到满足。

泰德正在做一些分配的题目。"86除以2"这种题目对他而言并不算是难题，8除以2是4，6除以2是3，所以答案是43。但是他做96÷2时，依然沿用这种计算方法：9÷2=4，余1，6÷2=3，结果答案还是43。他对于余数1根本不管。我问他："55除以5是多少？"他回答："11。"我再问："65除以5又等于多少呢？"他的答案还是一样。"75呢？"答案也一样。除此之外，以85和95为被除数的答案也都一样。我觉得他有点儿不安，因为我看他回答得很慢，心里似乎正计算着："9除以5是1，而5除以5怎么也是1呢？"但是他还是没有办法自我突破。

接着我们再以分配木棒于纸杯的方法练习除法。我给他5支橘色（10）和2支白色木棒（1），叫他把这些木棒分配到4个杯子中。他马上将橘色木棒分别放在每个纸杯里，然后要求我给他10支白色木棒交换剩下的一支橘色木棒。于是他将12支白色木棒平分于4个杯子中，最后，他所得到的正确答案是每个杯子分配到13。

他采用这种方法做大多数的题目，每次分配后多出来的橘色木棒，他便要求我让他交换成白色木棒。每次在交换木棒前，我总是先问他是否能告诉我每个杯子可分配到几支白色木棒，通常他都能正确地回答我的问题。所以当他做"32除以2"这个问题时，他在每个杯子中先各放一支橘色木棒。在我和他交换木棒之前，他便告诉我剩下的12支白色木棒，每个杯子可以分得6支，所以每个杯子可以分得16。但是当碰到被除数大于2的问题时，他便无法顺利地回答我。如果他觉得很难平均分配手上的木棒，他便要求将所有的木棒都换成白色木棒。

小孩子在做这种运算时，脑筋都变得很清楚。他们能自己找到答案，而且对答案很有把握。有人认为在提供这种比较简单的方法之前，必须让他们使用比较繁复的计算方法，直到他们能够完全掌握题意，这就是一般人所说的"小孩子必须接受严格督导和反复练习才能成才"。在这种情形下，小孩子应该受到严格的管教，听从指挥，独立思考，而且对自己所做的事要有把握，也有信心。事实上，实施这种管制后而达到此种成果的学校几乎不到1%，这实在是很无稽的说法。"如果小孩子不断地重复练习，演算自己根本不懂的问题后，就能自然了解这些知识。"假设这种无稽的说法成立，就等于承认鹦鹉只要不停地模仿人类的语言，它就能了解人类语言的意义一样。这个原来蛮聪明的学生经过严密、紧凑的乘、除法训练之后，对乘、除法的认识和了解却远不如从前。因为对他而言，这些演算不仅没有任何意义，而且还让他产生恐惧感。但是他经常使用木棒或其他替代教材来做演算，经过一段时间之后，他甚至可以不用木棒就能进行心算。如果他可以不必每次都使用白色木棒就能找到答案，我们可以尝试将这种运算改变成他们所认知、接受的符号来运算。

《头脑风暴》（*Mindstorms*）是关于孩子们怎样运用电脑（虽然跟现在的电脑不太一样）更了解自己的数学思维的一本书。在该书中，西摩·佩珀特（Seymour Papert）指出了"训练"和"练习"的区别。练习是为了在某方面有所进步，自己想做的；而训练是别人要求你做的，检查你是否掌握了他们认为你应该掌握的东西，或者只是为了让你忙个不停。

那我让这个小男孩做的是练习还是训练呢？恐怕更多的是训练。他知道我喜欢他，他也信任我。他在本班比在其他班更快乐，表现也更好，但是我从来没见过他自己主动去做那些跟我一起做过的事情。这可能是他依然不会做那些题的原因之一。我们不得不一遍遍地重复。

我陪他做的事情是事先设计好的，更易于他理解。如果我问他问题，虽然会犯错，他最后总能给出我想要的答案。但是就像那个十一年级的孩子说过的，他记不住这些问题。他能够（如果我说得够慢）跟上我的思路，可是他无法自己找到思路。我试图让他自己建立起木棒和数字的联系，但是他做不到，这些东西始终还是我的。

学习除法于他好像完全是我的事情。他不想学除法，出了学校也从不会用到除法。就像我一样，在学校外面，从来没用过除法。他学除法只是为了让我高兴。他甚至可能认为，只要他学会了除法，就再不会有人来烦他了——确实如此。

一九六一年二月三日

可怜的马荣莉拼命地强记学校里每个老师所教的内容，她无法从中领悟任何意义，也觉得这些内容对她并没有意义。她辛苦记了满脑子混乱的事实与规则，但大多派不上用场，她完全不知道这些适用于何种情况。

有一天，她请我和她一起使用木棒演算问题。我说："当然可以。"首先我叫她做彩色矩形的题目，我将一些木棒放在一起做成一个矩形，然后叫她做一个同样大小和单一颜色的矩形，但是她可以挑选和我不同的颜色。她很快就了解并用白色木棒做了我所要求的矩形，另外，她也用了其他颜色，但同样做得很好。

"我把一些木棒放在一起……"我依然认为这是一种很好的利用

木棒的方法。第二年，我用洗衣店里的硬纸板做了很多浅浅的硬纸盒。这些盒子都是 1 厘米深，长宽不同——3 厘米 ×5 厘米、4 厘米 ×7 厘米，等等。我会让孩子们按照不同的要求往这些盒子里装木棒——一种颜色的木棒，很多颜色的木棒或者两种颜色但每种颜色数目相同的木棒，等等。小孩子会觉得这样的游戏很好玩。

在我们一起做这次演算时，她好几次重复同样的一句话——我几乎无法用文字来表达她声音中所充满的喜悦和兴奋——"哇！我真的懂了。你这种方法我真是喜欢极了。"

几天之后，我向她挑战一起做同色的木棒矩形，然后再用同色的木棒来填满这个矩形（白色除外）。她试了很多次，都做错后，她发现可以用 3 厘米、5 厘米或 7 厘米的方形来击败我。最后，她的结论是 9 厘米的木棒可以办得到。但是当得知我使用淡绿色（3）木棒就可以办得到时，她大吃一惊。她不知道她所需要的正是质数，虽然我们花了几个礼拜的时间在做，她仍然对质数没有一点儿概念。

她仍然一再地重复她懂了，这是她（她并不是唯一的）用来表达自己突然领悟某种事物或了解你正在做的题目的感觉。对班上的同学而言，只有少数的学生会这样。这种奇特的经验实在不应该与学校有任何的关系。

接着我们使用纸杯进行除法的练习。马茱莉和其他的学生一样，她先尽量将橘色和白色木棒平分于杯子中，剩下的再交换木棒。她非常喜欢玩这个游戏，今天她还和安娜进行了一场比赛，而安娜是班上数学极好的学生。

如果你问学生他们在干什么，他们会毫无疑问地告诉你，他们在演算除法，但事实上，他们并不了解除法，而且不会将除法运用到游戏上。只要碰到较复杂的数字，他们就用兑换的方式来变通。纵使我们鼓励学生先使用具体的游戏来建立数的观念，再学习使用数学符号运算，但是学校和老师要做到这一点并不容易——我们难免会逼迫他们迅速对自己所做的运算做归纳或总结。其实，我们应该不断地创变出更好、更有启发性的具体方式——像马茉莉和安娜所进行的除法比赛，从这些较好的练习方式中，她们可以学习归纳、综合自己所学的事物。

例如，如果我们知道有某个学生不了解42除以3等于14，而且也不知道用什么方法来解答这个问题，我们可以叫他将4支橘色木棒和2支白色木棒平分到3个杯子里。他会在每个杯子中先放1支橘色木棒，然后将剩下的另一支橘色木棒换成10支白色木棒，再将12支白色木棒平分于3个杯子中，于是每个杯子得到14。多练习几次之后，他就能心算出将1支橘色木棒和2支白色木棒分配于3个纸杯中的数目，而不需再使用麻烦的兑换方法了。

我想，有一天我也会对学生的学习过程采取强迫的态度。学生要求我将橘色木棒换成白色木棒时，我会问他们，如果不兑换而使用原来的木棒，他们是否能告诉我每个杯子应该有多少白色木棒。如果他们正好知道这个问题的除数，他们就能回答我；但是如果我没有提出问题，他们根本不会想到这种方法，而是去使用自己所熟悉的老方法。

我们不会过于高估心算的重要性，而让学生觉得心算比木棒演算更简便，因为这是我们的想法，而不是他们的想法。他们的心里根本没有这种观念。我们始终认为，为了督促学生了解问题，进而提出解答，我们会谨慎地选择有启发性的方式，而不只是要告诉他们问题的答案。事实上，除非这些学生记得你的问题或自己提出类似的问题，他们才会了解演算的过程和答案，但这是不可能的。因此，老师所提出的引导式的问题对他们并没有太大帮助。学生心里唯一记得住的答案，是他所提出的或自我询问的问题。

昨天我们玩了不同的游戏，我发给马茉莉2支橘色木棒，问她使用这2

支木棒能排出多少不同形状的矩形。她说只有一个。我再给她1支木棒，凑成3支，再问她同样的问题。她还是说只有一种拼法。如果4支木棒的话，便可能有两种矩形，面积是 1×4 和 2×2。木棒继续增加到20，我提醒她们注意每个数目的因子和哪些数字是质数，但马茱莉和安娜还是没有一次可以完全地解答问题，因为她们根本不了解数目。我给她们10支木棒，她们不会考虑："我们可以排成一个5支木棒长和2支木棒宽的矩形。"她们必须一次又一次地尝试错误，但是她们却一次比一次更会观察哪个组合可能对，哪个可能不对。

除非她们回答得愈来愈好，速度也愈来愈快，否则我看不出她们已经了解了这个问题。我想到一个例子，如果她们各有12支木棒，她们会各排出一个 6×2 的矩形，然后两个人再将自己的矩形拆半平分。她们对于问题的处理变得愈节省时间，也就愈有组织。虽然她们还需要相当长的时间才可能将自己的观察和理解表达出来，但是她们一定能达到目标。最重要的是，这个演进的过程一点儿都不能草率。

这件事使我对使用古氏积木和其他教具的方法有了相当大的改变。最初，我总是认为使用这些工具可以更迅速地教导解题的方法，其他老师也有同样的想法，但这是相当大的错误。其实，我们应该做的是，利用这些教材让学生能够从自己动手的经验和发现中渐渐了解数的观念和数学的运算。我们应该以稳健、循序渐进的脚步，来达到我们教导学生的目标。有些概念，学生能比我们预期的更快达到理解的程度，如分数。其他像除法，我们就必须花更多的时间来达成"传导"的目标。总之，我们必须依据学生的表现来调整自己教学的进度。

我在《成长免教》第4期和第6期中写到，并且已经跟老帅们讲

了四五年，如果我们想把学校称作"数学常识"的知识教给学生，比如，3+4=7、5×4=20 等，更好的方法是让他们自己发现这些知识，就像这两个小女孩一样，去发现数字的特征。3+2=5，加法不应被理解为人类的发明，而应理解为数字 5 的特性，也就是说，5 个东西可以被分为 3 个一组和 2 个一组。这不是人类的发明创造，而是本来如此。3+2=5 只是其中一种表达方法。

其中一种？对，另外还有 2+3=5、5-2=3 以及 5-3=2。学校通常会分开教这四个表达式，好像全无联系一样。其实应该把它们放到一起，并告诉学生，它们是同一个事实的不同表述，也就是说，5 个东西可以分为两组，一组 3 个，另一组 2 个。

但是学生完全可以自己发现这个事实。他们不用死记硬背，可以在现实生活中发现这些数字的特征。然而，让我来强调一下"如果我们要教给学生这些事实……"中的"如果"，我们不要以为"如果"我们不教，孩子们就学不会。我们也不要认为，学生理解了数字 5 的特性，就会努力探寻其他数字的特性。他们可不觉得这有什么好玩的。

从对数学的理解来说，最重要的是要明白，像 4+3=7、9×5=45 这样的表达式都是可以用现实生活来验证的，只要我们愿意。只要让学生理解了这一点，我们教起来就不会那么难了。

一九六一年三月十一日

有一天，杜拉正和我一起讨论问题。我不断研究她不了解数字的原因，以便找出具体的方法来为她重新建立数的基础。我想只要多花一些时间，我就一定能找出原因。

我在桌上排了 2 排白色木棒，每排 5 支，我一边排一边说明："这里有 2 排木棒，每排的数目一样。"她点头表示了解，我问她用了多少木棒才排成这 2 排。她回答："10 支。"再将这个答案记在纸上。然后我又排了 2 排，每排有 7 支木棒。她表示她知道这两排的数目相等，并回答我："使用了 14 支木棒。"当然她是经过计数才知道的，我又把它记下来。

然后我说："现在该你排了。"她把我所用过的木棒混成一堆，然后拿出一些木棒，排了 2 排，每排是 6 支。我问她用了多少支木棒，她数了数之后答："12 支。"我再把它记下来。我问她如果使用 11 支木棒可不可以排成数目相等的 2 排。她将木棒混成一堆，然后再拿出 11 支木棒，试着排成相等的两排。过一会儿她说："不行。"我说："对。"于是我再把 11 记下来，并在旁边画了一个"×"的记号。

我对她说："有些数目可以排成相等的 2 排，像 10、14；有些则不行，像 11。那么你从 6 开始排，然后告诉我哪些数目可以，哪些数目不行。"她了解我的意思后便开始数 6 支木棒，可排成 2 排，每排各为 3 支。我写下来并做了记号，接着她将所有的木棒混在一起，从中数出 7 支，而不是取出一支以便凑成 7 支。她发现不能排 2 排，我记下 7，并在旁边画上"×"。她又将木棒混在一堆，再数出 8 支排成两排，每排为 4。然后说："8 可以。"再将木棒放回去，再取出 9 支，发现无法排成 2 排，又告诉我："不行。"她按照这种方式一直排列到 14。

这一次，她的表现很有进步，排完 14 后，她没有将木棒放回去，而是从一堆木棒中取出 1 支木棒凑成 15。在她告诉我"15 不行"的同时，她将这一支木棒接在其中一排，再取一支放在较短的一排，告诉我："16 可以。"如果用原来的方式进行，大概只能进行到 24。排完了 24 后，她告诉我："24 可以排成相等的 2 排。"以后，她便没有再用木棒，就能很轻易地告诉我:"25不行。"依照这种方式进行了一段时间,她回答的速度变得愈来愈快,也愈有信心。一直数到36时,她就不再算奇数了,只回答:"36可以、38可以、40可以……"直到50,我们才停止这个游戏。

休息了一会儿之后,我们换了另一个问题。这一次我排了相等的3排,叫她从6开始排。我很惊讶她竟无法将6支木棒排成3排,却排成3—2—1的形状。经我从旁辅导,她才动手重排木棒,这一次她稍有进步。当我将6支木棒分成3排,每排各2支,并记下6符合要求时,她加了一支木棒到其中一排,再告诉我:"7不行。"再加一支到其中一排,告诉我:"8不行。"又加一支到最后一排,然后告诉我:"9可以。"排到15时,她便不需再使用木棒,而直接告诉我:"19不行、20不行、21可以……"算到27时,她只告诉我符合条件的数字——30、33、36、39。

接着我们从8开始进行4排的问题。她一面排木棒,一面告诉我:"9、10和11不行,12可以。"接着,她不用木棒就告诉我"13、14、15不行,16可以。"此后她在每个数字上加4,再告诉我说:"20、24、28、32都是答案。"我们使用10支木棒开始进行5排的问题,在算到15支后,她就开始每5支计数了。

很多人都不相信这个小孩子的情况,所以,他们也就无法想象这种情形。他们认为即使是最笨的学生对数学的概念也不至于这么差,或使用这么没有效率的方法来解决这么简单的问题。事实上,这个学生的情况就是这样。我们当老师的总是认定这些学生应该知道得更多、了解得更多,更有效率地解决问题,但这些都是空谈,因为摆在眼前的事实是不容否认的。在学校的数年当中,这个可怜的学生似乎什么也没学到,原因是没有人愿意从基础开始辅导她。同样地,如果从踏进学校到走出学校这一段时间内,她就真正地学习,相信她也能有出乎意料的收获和杰出的表现。

虽然我对我在五年级那个班里的很多做法还有保留，但是那天辅导杜拉的情况让我很满意。就像泰德一样，我觉得杜拉也没有把我讲的东西内化为她自己的知识。重要的是，她获得了解决问题的经历，并且知道是自己解决了问题。至少她发现了大脑的力量。那些问题，或者说我的问题，在她看来是可笑的，可是答案是她的。

我认为让学生们做这些数学题是在浪费时间，甚至是有害的。但是这可能有助于害怕数学的人们（包括大人和小孩）理解数学，更重要的是，这还可以让我们意识到数学逻辑是可以理解的，即使暂时不能将题解开。

我怀疑那些数学不好、对数学怀有恐惧心理的成年人做过一些这里讲到的练习以后，也会对数学有更好的理解。没必要用昂贵的古氏积木来学习，很多小东西都可以用——用过的火柴、牙签、纸条或硬纸板都行。

一九六一年三月二十日

很多学生一定都做过类似这样的题目："宽度超过一个正方形的长方形，可以用多少正方形排成？"很明显，除了质数之外，其他的数都是这个问题的答案。有一次，我又将问题变成另外一种新的形式："在长方形正中央留一个正方形的洞，可以用多少正方形排成？"有一个叫泰瑞的聪明学生马上把问题归纳起来，找出了中央有一个1平方厘米大小的洞的最小长方形。简单说，他先画了一个1平方厘米面积的洞，然后围着这个洞的四周各加上由一个1平方厘米面积所拼成的最小长方形，结果总共必须加8平方厘米的面积。然后他又想着：如果将这个洞保留在中间，那么外围的长方形应该如何渐渐扩大？他很快就想到符合这个条件的长方形的边，一定是3厘米×5厘米、7厘米×3厘米等，于是他不需再架方格子，看看哪些数目符合条件，哪些数目不符合。

像安迪这种反应迟钝的学生，就以完全不同的方式来做这个问题。他先拿了16支木棒做成4厘米×4厘米的正方形，然后反复想着如何去移开一支木棒，使这个洞正好在长方形的中央。但不管他怎么安排，洞的位置总是不对。瞧他努力奋斗的模样，实在令人觉得可笑。他愈无法将洞留在正确的位置，他便愈生气。唯一与他平常表现不同的地方是，他虽然屡次遭到失败，却没有感到任何压力或恐惧。他始终很努力、很执着地在思考这个问题。最后，他终于找到一个奇数面积的长方形能符合条件。问题是，他并不了解所有类似这样的长方形都是问题答案。如果我们将他和泰瑞解题的方式加以比较，就可以发现他的方法既笨拙又没有效率。唯一可贵的是，这是他自己的方法，所以他能从解题的经验中有所学习。

凭着多年的教育经验和耐心，我们应该能设计出不少问题，让学生自己动脑、动手解答，而达到真正的学习。此类问题等于是一种自我调整的学习机器。当对某些问题渐渐熟练之后，机器就能自动将问题调整到适当的难易程度。安排这种学习方式的学校，老师可能不必思考更好的解题方法。然而，我们必须承认，虽然有些学生思考问题、解答问题的方式既原始费时又无效率，但是当他们有所领悟时，心中的喜悦、兴奋和满足与那些较聪明学生的感受是相同的。经过一段时间的努力、绞尽脑汁之后，杜拉发现每隔一个数字就能排成相等的2排，每隔3个数字就能排成相等的3排，她的进步和那些不需经过指导而自己发现排数规则的学生是一样的。

换句话说，在科学上发明轮子和发明飞机，同样是向前迈进了一大步——事实上，飞机的发明比较伟大。至于针对数学的学习，不管车轮或飞机，我们身为老师的人都应该学习以同样喜悦、兴奋的态度来接受两种不同的发明。我们必须让反应慢的学生感觉到自己能够"发明车轮",这也是一种值得重视、突破困难的尝试。唯有如此,才能鼓励他们更快地进行"发明飞机"的研究。在数学方面是如此,在其他方面也应该是如此。如果不是学生本身愿意诚恳地学习知识,相信这些知识一定会很容易就被遗忘掉。

这些关于长方形或中间有洞的长方形的问题,对孩子们来说是非常有意思的——至少,在课堂活动里算是比较好玩的。我怀疑他们自己会不会花时间解答这样的问题,但对于课堂教学来说,这样的活动还不错。就像我介绍过的其他活动一样,这些活动很有意思,有助于克服孩子和成年人对数学的恐惧心理。

有些数学题是从很简单的活动发展来的,比如骨牌,把几个正方形摆成不同的形状。(见示例)

当然,要做这些活动,不是一定要用古氏积木,把普通的纸或硬纸板剪成方形就可以了。

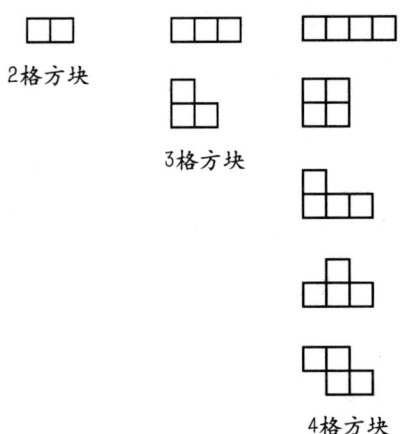

一九六一年五月六日

最近很多学校都提倡"新数学教学法"的工作。每个人都在谈论它，似乎没有响应、参与这项活动的学校或老师都变得落伍了。这种新数学教学法的某些观点是值得参考的，这在数学教学法上确实是一种革新和改变——学生必须自己思考问题、解决问题，不再像以前由老师解答或提供任何暗示，但是这种教学法真正付诸实际的观点却太少。大部分数学的观点和旧数学一样，可以说只换汤不换药，这就像写食谱的人一样，他不断地推陈出新，以符合时代潮流，如果所要介绍的内容正是你想参考的，那么这就是一本你可以接受的好"食谱"。当然有些"食谱"所介绍的内容不仅是新的，而且是值得参考的，但也有很多是骗人的幌子，比如标榜经济、实惠的"食谱"。我查过这些新的教材内容，有些叙述得不够清楚，有些则概念含混不清、举例不恰当，令许多学生觉得无从理解。这些内容并没有达到真正的学习效果，因为教材中的资料过于繁复、不连贯，而叙述又过于简单。因此，当我知道学生对这些教材都感到困惑、恐惧时，我一点儿也不觉得惊讶。

麻省理工学院数学和教育学教授西摩·佩珀特在《头脑风暴》中对"新数学教学法"做过如下评论：

新数学课程改革试图改变学校数学教学的内容，但是改变不了多少。加法是总得学的，只是不同的加法：把数字的加法改成集合的加法，或者把十进制改成二进制没有太大的区别。并且，数学改革没能激发数学家的创造性，因此，根本没有产生由新思想带来的兴奋。名字本身——"新数学"本身就不对。因为它基本没有新内容，它不是为孩子们创造的一种新数学，而只是把数学家的数学通俗化。

但是，即使新数学是有用的，或者部分有益，只要老师被"要求"采用"新数学教学法"，而不管他们喜欢不喜欢，那么它就不可能从根本上改变学校的数学教学。使新观点、新教法进入课堂的唯一办法是跟老师们说"这里有一个你可能喜欢的点子，你要是愿意，可以到班上试试"。当初我和比尔·夫就是这样接触到古氏积木的。学校没人要求我们使用，是我们自己参加会议，正好看到盖特博士使用这些木棒，也是我们自己想到为班里买一些，想办法如何利用它们进行教学。

只有这样的教学研究才会真正改进教学——老师自己做的研究，在他们自己的教室里，解决他们自己碰到的问题。然而，事实是很多自己做研究并把研究成果付诸实际教学的老师遇到了麻烦——甚至在他们的方法产生更好教学结果的时候。没人能够强迫老师做这样的研究，并且大多数老师不愿意做研究，他们更愿意让别人告诉他们怎么做，一旦失败了，也不用负责任。所以，这些希望在实际教学中找到更好教学方法的老师，就像我一样，应该得到更多的鼓励。我在1958年之后工作过的三所学校都没有给我太多的鼓励和支持，虽然有时候实验结果很好甚至是非常好。

即使是最好的教材，学生也不见得能从中得到最好的学习效果。在学习的过程中，学生未必能接受我们认为最好的学习方式，而是采用他们认为最好的方式以及适合他们的思考和推理的模式。老师很难做到这一点——对于我们愈熟悉的数学概念、结构，我们就愈想将它传授给学生。但是，这种

做法并不恰当，应该让学生自己去熟悉数学的建构和结构。比如说，我认为A和B两件事的关系是C，但不能光凭口头说明就能让学生明白。他也许会记得A和B两件事以及我所说的A、B之间的这种关系，但是他很可能将我所讲述的内容转变为A、B、C三件独立而不相干的事情，而不记得其中的关联。

例如，2×9=18、2×10=20，大多数学生和老师一定会将这两个乘式看成不相干的数学语句，老师和教科书甚至还会列出100个这样的乘式。事实上，这些乘式是由一种关系演变出来的，即2×10一定比2×9的值大2。了解这一点之后，我就可以知道2×1000一定也比2×999的值大2，我也能推算2×999的值一定等于2000-2或等于1998。但是，每次要向学生讲解这种关系时，我发现学校都将它视为一种复杂而难解的关系，而且认为这些乘式并不相干。学生终究会自己发现2×75=150，那么2×74一定和150-2或148相等。除非他们领悟这种相等关系，否则很难让他们达到理解的程度，当然他们也就不可能知道如果3×50=150，那么3×49一定和150-3或147相等。

据我所知，虽然很多学生都善于理论的归纳、案例的综合归纳，但却拙于理论的推演。即使是优秀的学生，也很少能将数学所熟悉的知识予以推演、举例。这是因为他们没有亲自参与结论、归纳的缘故。前面我所叙述的这种以具体的方式让学生研究数学问题，可以提供学生学习自我归纳的机会，虽然他们所提出的结论很粗略，但毕竟这是他们的数学意见，由此可以慢慢建立基础。刚开始，将用来了解学生程度的问题应用在数学课程上——数学的概念和数的运算，我觉得相当困难。后来我观察了蒂安教授（Professor Z. Dienes）——一位英国的数学家兼学校老师——的研究后，我发现我的困难有了转机。

蒂安教授发展了一套数学教学法，她称之为"数学实验"，首先在莱斯特郡（Leicester，位于英国中部）被广泛运用，后来英国全国和其他地方都相继实行。

我们给学生各种不同的教材，让他们动手做各种实验，如：找出拼成其他图形所需积木的数字，或如何使用一种形状的教材拼成另一种形状等。没有人从旁辅导他们如何做，他们必须用数学找到答案。如果手边的实验太难，可以尝试比较简单的种类。每次找出任何一种实验的答案时，便用笔记录下来。几次之后，他们便会发现某一次的实验和另一次类似，于是就能开始将类似的问题和解答的方法做一个综合、归纳。直到他们不必使用这些教材就能够解答某些问题，我们才可以肯定他们能从具体的问题、实验中得到某种原则。

教材和实验的种类很多，而且都相当有创意，学生会觉得很有趣也很好玩。在莱斯特郡的校园里，你经常可以看到，在有40名六七岁的学生的班级里，他们都兴致勃勃地在进行数学实验，教室里甚至看不到一个老师。有一部分的教材甚至可以让学生学习到特殊的概念——基数和位数在数字系统中的运用和意义。其他数学实验的教材，也都是针对不同的问题而设计，甚至有些大人都觉得相当困难的实验，小孩子却进行得轻松愉快。

我们无法解释，为什么不能使用实验的方法，并借助古氏积木、数学家或老师所发明的任何辅助教材，来教导学生学习所有的数学或其他的概念。我们必须花一段时间才能找出哪些是学生最喜欢，也最不需要老师指导、参与或指正的实验。不过，学校或者熟悉这种教学方式的老师应该很容易归纳出这些问题——只要他们真的希望学生能够达到真正的学习，而不在乎他们是否得高分，或者能否通过测验，数学可能就会立即成为最受欢迎、最有吸引力的课程，而不是最令人讨厌、头痛的课程。数学也会变成培养实力的来源，而不是肤浅的学习；是增进思考和智慧的滋补剂，而不是摧残的力量。

我对蒂安教授的"数学实验"及其用到的教具很感兴趣。如果我们把合适的物品放到学生面前，告诉他们动手做什么，学生可能会喜欢上数学，这个想法让我很兴奋。西摩·佩珀特教授在《头脑风暴》里提到，将来我们可以利用计算机吸引学生对数学产生兴趣。我希望我们可以用"数学实验"来做到这一点。

先是英国的公立小学，后来美国也是，都急于让学生掌握基数和位数的概念。他们认为，如果学生理解了基数和位数，不仅不会再犯那些可笑的错误，并且能够理解并记住数学运算的逻辑。

为了帮助孩子们理解基数和位数，蒂安教授发明了一套积木，这套积木现有2、3、4、5和10这些基数。以基数10为例。积木都是长宽高为3/8英寸的立方体，用这些积木排成一个长和宽为10个3/8英寸，高为1个3/8英寸的长方体。基数2由同样大小的积木组成，长和宽为2个3/8英寸，高依然是1个3/8英寸。3、4、5同理。

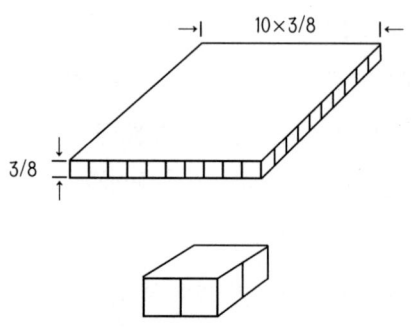

孩子们"做实验"，其实就是做数学题，然后用这些实物来检查自己的答案对不对。总而言之，他们可以用这些材料学习数学。受到这个想法的鼓舞，我自己掏腰包买了几套这样的积木，还有配套的练习题。货到以后，我把它们拿到教室，跟学生们解释了那些数学题，告诉他们可以自己挑选练习题。

整体来讲，至少在开始的时候，孩子们看起来还挺喜欢这些东西。我耐心地等着他们开始自主学习。可是，结果却令我大失所望。当我检查第一批"实验结果"——也就是问题的答案的时候，我发现大部分答案不仅是错的，而且错得很荒唐。这些昂贵的自学材料根本没起作用，我又回到了辅导爱德华、杜拉的时候。

孩子们对"做实验"的兴趣也没有维持太长时间。它们还不如我自己想的问题有意思。

我又等了一段时间，希望有所改观，因为我想过一段时间，孩子们会更明白怎么利用这些积木。但是，我并没有看到他们的进步。已经明白基数和位数的孩子，即使只是出于直觉，不用这些积木也知道数字和这些木块之间的联系。不明白基数和位数的孩子，拿着这些积木也不知道怎么办。

那些已经知道2的立方为8，或者4的立方为64的孩子很容易就能用这些积木来证明他们的想法。而那些对此不理解的孩子会说4的立方是211、83或他们随意想到的其他数字。就像爱德华对古氏积木的认识一样，他们觉得这些积木跟现实生活完全无关、无法理解。

因此，我决定放弃这些积木。这很简单。一旦我不再要求孩子们用这些积木做数学题，他们马上就停止不用了。我把它们留在教室里，谁要想用还可以用，但没人去用它们。我比大多数老师幸运，不想做的事情就可以不做。没人在我耳边命令我，一定要用我不喜欢的教学方法。

我决心自己开发一套数学教具。莱斯特城"开放的"小学给比尔·夫和我以及其他我们认识的很多老师留下深刻印象。我们认为那些变化主要来源于教学顾问，他们的任务就是为有需要的老师提出建议和解决方案。

我想如果我做学校的数学教学顾问,那我就可以影响整个学校而不只是我自己班级的数学教学。学校答应了,但是只给我一半的工资(大概是 2000 美元,当然在 1962 年要比现在的购买力强很多)。

学校远不如我自己对这项研究感兴趣,或许我不在教室上课对他们来说是一种解脱。一年以后,他们告诉我,我可以继续做这项研究,但是要自己筹钱,学校不会再付钱给我。那一年,各种小规模的正在进行的实验出现了资金漏洞。那年之后,因为需要资金,我要求回去教五年级,学校没有答应。

即使学校愿意付钱给我,教学顾问这个岗位本身就是个错误。我教的班更优秀,孩子们学到了更多东西,不是因为有更好的教具或教学方法,而是因为这是一个与众不同的学习环境。我最大的作用也不是发明了多好的教学方法,而是向孩子们展示了一个真实的人。他爱好广泛,喜欢读书、写作、体育,尤其喜欢音乐。他总是和蔼可亲,充满耐心,不过偶尔也会发脾气。他会把他的所想所感抒发出来。最重要的是,他喜欢、信任并尊重他的学生。只要做到这些,任何一个成年人都可以做得一样好。

我对这些教学用具已经不再迷信。如果再让我到教室上课、在家里教孩子或开办一个培训中心,有人送我古氏积木使用的话,我会很高兴。可是如果要我自己买,我会先买其他更重要的东西。

那我们应该怎样向孩子们解释数字,怎样让数学更有趣,更容易理解呢?

需要注意以下几点:(1)孩子不需要教。不用老师教,孩子就可以学到很多,甚至学得更好。(2)孩子对成年人的世界以及我们的做事方式非常好奇。(3)孩子在现实生活,也就是在《孩子的生活》

(*The Lives of Children*)中提到的"经验的连续体"中学得最好。(4)孩子为了某个直接的、有意义的目标而学习时,效果最好。

对于数学来说,应该尽量多地让孩子们看到我们如何使用数字,并且为他们创造机会使用数字。

我们成年人都用数字做什么呢?我们用数字测量东西,测量我们周围各种各样的东西。为什么要测量这些东西?因为这样我们可以更了解它们,以便更充分地利用它们。我们在判断自己是否生病的时候,在判断自己是否比以前有进步的时候,在试图找到最优解决方案的时候,在判断事物耐用性的时候,在辨别方位以及预测后果的时候,都会用到测量。我们测量这些东西不是出于无聊的好奇,而是要利用这些数字做出有利于解决问题的决定。

既然数字对我们很重要,也很有趣,它也应该能够吸引孩子。

因此,我们可以通过各种各样的测量工具把数学介绍给孩子——直尺、卷尺(包括以英尺和米为单位的)、天平、手表、秒表、温度计、节拍器、气压计、光度计、分贝计,等等。

我们应该试着测量我们生活和工作中所有可以测量的东西,这样孩子会看到我们在测量这些东西。我们要让孩子亲手来测量一下这些东西,还要让他们知道我们对于测量结果的看法。

孩子们对他们自己非常感兴趣,包括他们的身体、成长、速度以及力量。在《星期一我做什么》中,我提到了很多孩子们可以做的事情:测量他们的高度、力量和速度。他们还会发现,随着时间的变化和情况不同,测量结果会不同。他们可以测量自己的肺活量以及心率,剧烈运动之后,再来测一下肺活量和心率,然后再测一下需要多长时间才能恢复到正常水平。他们还可以通过跑步、举重或其他活动来测量速度和力量,测量第二次做的时候结果有何不同,测量休息时间不同会导致怎样不同的结果，以及他们的速度、力量和恢复所需时间每周或每月发生怎样的变化。

除了可以接触到数字，这些活动都是真正的科学。它不像在学校里孩子们被动地接受科学家已经发现的真理，也不像某些学校让学生"做实验"来发现已经众所周知的道理，或者得出一个需要老师判定正确与否的结果，这些都不是真正的科学。

孩子们对钱很感兴趣，因为他们可以用钱买到很多东西，因为他们看到大人可以用钱做很多事情，也是因为大人觉得钱太重要了。10岁甚至很多不到10岁的孩子都知道，钱几乎是大人生活里最重要的东西，他们天天想着钱，因为钱吵架，因为钱担忧。

如果再教那个五年级的话，我不仅会把我知道的所有关于钱的事情告诉他们，还会把我生活里所有关于钱的事情讲给他们听。比如，我怎么挣钱、怎么花钱、怎么存钱，等等。我还会给他们看我拥有股份的公司的财务报告、银行账单、支票簿、收据、账单以及纳税申请表——现在好办多了，因为到处都有复印机。

这些不仅是最好的数学教材，还可以学到有趣的社会学、政治学、经济学知识。

如果我在家教自己的孩子，我会把家里的财务状况信息放到孩子们可以看到的地方。我会让他们积极参与家里的财务活动，包括平衡收支、记账、写支票、付账单等。可能有孩子不喜欢这些事情，但是我相信大多数孩子会觉得很好玩，因为已经有孩子在这样做了。

在做这些的时候，我还会向孩子们介绍复式记账法的基本原理。因为它不仅是人类伟大的发明之一，而且是年轻人安身立命的最有用的技能之一。

如果一个家庭能够像公司一样记账，很多孩子都会非常感兴趣并

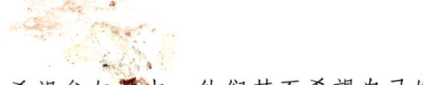

希望参与其中,他们甚至希望自己发挥主导作用。

我多年以后到丹麦的利里斯科拉学校(现在叫弗利斯科拉)访问,让我觉得如果我执教的学校能像它一样就好了。我们可以谈论学校本身的财务状况,包括收入和支出情况,需要做哪些记录以及要做什么样的决定。如果像利里斯科拉学校一样,学生也可以参与做决定就更好了。

不管怎么说,我要强调的是,让孩子接触数字最好的办法就是让他们看到数字在大人生活中的作用。

第四篇 学校的失败

一九五八年二月二十七日

几天前上课时，奈尔走到我面前，默默地注视着我，一句话也不说，而且和平常一样，他将一篇最近重抄的文章放在我桌上。我们规定，重抄时每页不准超过三个错字，否则该页必须重写。当检查他的作业时，我发现第一页就有五个错字。我指给他看，委婉地告诉他必须重写，并督促他要细心，这是所有老师职业式的忠告。他看看我，叹了一口气便回到座位上。他是个左撇子，连笔都拿不稳，我看他写字时总是皱着眉头，但似乎也很专注、细心。不久，他拿着重抄的文章来到我面前。这一次第一页就有七个错字，而且笔迹更为潦草。于是我再叫他重写一次，他叹了更深的一口气又回到座位上。后来他又拿着重写好的本子到我前面，我发现比第二次更糟，错误也更多。

比尔·夫就这件事对我提出一个问题——我应该自省，也是我们应该随时自省的问题——你的目的是什么？你的目的是否达到了？

这个问题对我真是当头棒喝。在学校里或在别的地方不都是一样吗？我们很容易陷入相同的陷阱——将达到目的的方法变成了目的本身。我在学生的作业簿上圈出错误，我们的目的是叫他要细心并写好文章。然而使用这种严厉的方式，是否达到了要求他写好文章的目的呢？我只是使这个学生因为担心重写而无法专心做功课，反而使他愈写愈差，以致影响了下一次的作业。

对于我们在学校里所做的每一件事，我们必须经常自省：我们的目的是什么？我们所采取的方法是否有助于目的的达成？我们所做的事情或决定是否为了帮助这些学生，并且能帮助他们什么？还是只是为了学校、老师、督导者的方便？或者只是因为其他人都这么做？我们务必要明白，自己是否在强迫孩子接受一些实际上是为了管理上的方便而制定的措施。更危险的是，这些措施往往被误认为有足够的理由和依据，我们可能就会盲目地、一意孤行地硬干，就像我当天所做的那样，既不能也不愿正视自己的行为，实际上对孩子的伤害大于益处。

我的同事比尔·夫刚来我们共同执教的学校工作时，曾担任数学系主任的助手。数学系主任在这所以高智商学生著称的学校工作多年，可以说教了一辈子数学。一天，在结束了一天的教学工作之后，他用下面的话来总结自己的教学生涯："我一直在教，可他们就是不学。"

任何对自己诚实的老师都有这样的想法，我在科罗拉多州工作不久就产生了同感。我教我的，学生就是不学。好学生还是好学生，差学生不仅没有进步，还退步了。如果我们查一查这个国家"最好的"学校的记录，看看他们把多少得C或D的学生变成了得A的学生，估计少得可怜。

这些年来，我一直苦苦思索的问题就是：为什么他们学不会我们教的东西呢？我已经找到答案了：因为我们在教。也就是说，我们在试图控制他们的思想。

一九五八年十月三十日

在这里，几乎每个人都认为除了少数无可救药的学生外，所有的学生对大部分的数学问题都相当熟悉，但事实并非如此。在一个有20个学生的班级中，至少有6个学生对最简单的加法都不懂。另外，有更多的学生总是习惯用手指计数。还有更多的学生不仅不了解，甚至连乘、除法的运算都不会。我实在不愿意去想象他们对数学的了解到底有多少。

我每次举行的算术测验通常都很容易，测验的题目不多，也不太难，更不超出范围。但是，这些题目却足以难倒大部分五年级的学生，甚至难倒任何其他年级的学生。在我所教的九年级的学生中，我一直觉得他们的数学成绩相当好，然而他们对除法的了解却不多，更别提分数，至于十进位可说一无所知。

乍看之下，考试的分数似乎是一件相当重要的事，目的是学生、老师和学校联合假装学生已学会该学会的一切知识。事实上，学生只懂一小部分，甚至一无所知。我们为什么总是要事先通知学生考试的时间，这不是让他们把握机会去做填鸭式的阅读吗？为什么老师或研究所的教授都会特别为学生规定考试的范围，甚至透露考题的形式呢？因为如果不这样的话，可能有很多学生会不及格。即使在哈佛或耶鲁这两所特别优异的学校，如果教授将原定在十月的考试提前三个月，你想可能会出现什么结果呢？由于每个人都可以肯定地预测后果如何，因此也没有人会这么做。

> 以前是这样，现在还是这样。不管考试说明什么，在学校教的知识中，学会的很少；学会的知识中，记住的很少；记住的知识中，用到的很少。而那些学会的、记住的、用到的知识还是我们从日常生活中而不是学校里得来的。

一九五九年三月二十日

珍妮在班上一向不服管教，行为也颇令人头痛，但她今天所做的事却让我觉得她是我见过的人——不管是年轻或年长的人——中最令我感动的。当时我正在黑板上为她讲解一题冗长的除法，由于自卫式的反应，她说："但是W老师（她四年级时的老师）告诉我们应该将第一个数字……"当她一看到我脸上出现有点儿可疑的表情时，她马上知道我并不赞同这种规则，于是不久她便说："不是W老师，是另一位……"然后再继续讨论恼人的除法。

我非常感动，我怀疑有多少大人能和她一样观察出，如果她将W老师的教学方法告诉我，不是会使我降低对W老师的评估吗？如果你被责备时，正好有机会可以让你把责任推卸给不在场的W老师，我怀疑有多少成人会即刻改变情况来保护自己免受蔑视。我想大概一千个人之中也找不到一个会表现得像那个小孩一样对朋友和以前的老师这么忠诚的，这不是很可悲吗？她的行为根本没有经过思考，她保护教数学的老师免于受到伤害、责备或批评，完全是凭直觉的反应。

老师和学校都认为，学生只要行为安分就能获得好评。他们奖励服从、听话的小孩以及那些循规蹈矩的学生，在他们眼里更好的学生是：只是你心里希望他做，并没有规定他做，但也会照办的学生。他们对学生最重视的，正是学生最不重视的。他们之中没人相信努力塑造一个学生是一项很大的错误，他们无法感觉出其中的不对劲。珍妮就是一个很好的例子。她一直是个不受欢迎的学生，教过她的老师都对她十分头痛，即使这是一所极富感情、提倡爱的教育的学校也无法忍受她。大多数学校都很不客气地将她逐出校门；而大部分认识她的人当中，也几乎没有人知道她特殊的气质或值得欣赏的一面。如果请他们对她的个性做一个评论，可能大多数人都会认为她很顽劣。但是，纵使她是个麻烦的学生，我却希望多几个像她这样的学生。

有人把勇气称为"可爱的美德"。确实很可爱，尤其是在小孩子身上。因为他们那么弱小，那么容易受到伤害，有充足的理由感到胆怯。

学校和老师一般都不欣赏孩子的勇气，因为他们不理解勇气，自己也没有勇气，所以他们害怕勇气，并且要毁灭孩子们的勇气。他们认为勇敢的孩子叛逆、不好管，胆小的孩子才好管。其实恰恰相反，那些不听话的、打架的孩子之所以这样，正是因为他们害怕被别的孩子瞧不起，他们一点儿也不勇敢，别人的批评和偏见正是他们价值的体现。

如果学校能够认识到，欣赏并鼓励孩子们的勇气，他们的很多问题，不光是学习上的，还有纪律方面的，都会得到解决。可惜，很少有学校能意识到这一点。

一九五九年四月十一日

如果你允许学生在教室里自由交谈，你会发觉他们在教室里的话很少是由衷之言。不过有一次，也是唯一的一次——在讨论课即将结束时——我发现自己与这些学生非常接近。原因之一是，这种讨论课似乎让人有一种隐匿的感觉，另一个原因则是，我们正在讨论彼此的名字。

后来我们谈论到罗马史。当我正讲到罗马军政时代，乌合之众取得政权时，我指出足以煽惑这些乌合之众愤而革命的原因一定是有一股相当强烈的力量。这些学生都想知道这种力量是什么，我说煽动乌合之众对抗敌人的方法就是指名恶骂、呐喊，而且这个名字又正是这些乌合之众所憎恨或因受煽惑而憎恨的名字。这些学生都很想知道这些乌合之众受到哪些名字的煽惑。

在回答他们的问题前，我先问他们："你们最讨厌别人用什么来称呼你们呢？"下课前黑板上写满了骂人的话，其中约有一半是我想象得到的。大部分10岁的学生觉得最受侮辱的称呼是：白痴、笨蛋、肥猪、小鸡、傻瓜等，其余的恶骂实在令我觉得很惊讶，因为那些几乎都是些亲近行为的字眼。

这堂课实在是热闹极了。这些容光焕发、表情生动的学生，他们的眼神中跳跃着无比的兴奋和热情，他们都在观察谁能够找出他们共同憎恨、骂人的字眼。有些学生说："爱人。"有人附和。也有人说："亲爱的。"更多人附和。几乎所有能想得到的亲昵称呼都出笼了，但没有一个是正当的，也没有一个被认同。这些学生多少都受到这种游戏的影响，而显得特别兴奋。但是从他们现在的表情和声音中，我可以肯定他们现在说的话也正是他们真正的意思，他们确实不喜欢这些表示亲近行为的字眼。

为什么呢？对大多数的小孩而言，10岁正是一个崇拜英雄的年龄，他们让我想起荷马时代的希腊。他们正值好争论与互斗的年龄，对于荣誉更是特别珍惜。他们一旦被侮辱就想要报复，对待朋友忠诚。不过，他们常常试图改变玩伴。这时期他们还没有任何公平竞争的观念，却喜欢耍些小技巧、投机取胜；他们的占有欲很强，但也很慷慨，别人妄想占他们任何小便宜；但是他们如果对某人有好感，即可能会对他倾囊相送。大部分时间，他们并不喜欢小孩，而且也不喜欢被当成小孩看待。

此外，他们怀疑也憎恨表示亲昵的字眼，因为他们早已对成人所使用的亲昵字眼司空见惯，然而却又发现他们常常言不由衷。每个人大概都听说过，也都知道，小孩子需要被关爱，而且也一定要被关爱。即使是最喜欢孩子的人也承认孩子并不全是很有趣和容易相处的。他们通常很像老年人，常常让人头痛万分。然而，虽然有很多成人并不喜欢孩子，却觉得有责任爱护他们。另外，成人的行为，尤其是语言，总是表现出似乎很喜欢他们的样子，以为这样就算是负责，而事实上这些亲昵的语言都是些毫无意义的字眼，像亲爱的、达令等。很多成人对孩子说话时，都习惯使用这种可怕而亲密的话语。其实，小孩子从10岁开始就厌倦这种虚伪的感情，而且也开始不信任成人所说的话。

一九五九年五月三日

看到珍妮所惹的麻烦愈多，我就愈关心她，也愈了解她需要被关爱，但如果她很优秀、乖巧和听话，我又会觉得关爱是多余的。"被爱"在这里是个很难解释的概念。我想我们应该将它解释为令人羡慕、被欣赏，或指享受荣耀以及受到尊重。珍妮则认为利用行为或语言博取别人的赞许是可耻的。

难道值得羡慕没有好处吗？也许有一天她会很坦然地表达她对自己喜欢的人的关怀，而不需怀疑自己是否想从中得到任何回报，而怀有任何罪恶感。她觉得自己无法像其他的小孩一样自然地表达自己的感情。

相反地，她觉得自己必须不断地试探别人对她的感情，但她的估计却往往发生错误，因而受到她觉得不应该承受的处罚。可是，在委屈之余又使自己坠入永远无法突破的反叛行为的循环中。

这几天中午她都和我一起用餐，我发现她的确是个讨人喜欢的伙伴。她甚至不断地刻意表现出更好的餐桌礼仪，我真希望我能够说服她不需要每天对我们刻意地献殷勤,但是这种期望只有时间才办得到。有一天中午,她对我说"我讨厌老师"并露出非常短暂的微笑,还在我的肩上重重地敲了一记。我想,如果我们不继续使她陷入迎合大人和维护自尊的矛盾中,她的生活应该会更快乐。

学期结束后,我直到夏天才再次见到珍妮。我跟几个朋友到她家周围的海滩玩。当时,我走过街角,看到她和几个小伙伴站在街对面。她跑过来,站在我面前,问:"你到这儿做什么?"我说:"刚刚去海滩了。"她盯着我看了一两秒钟,然后说:"老师哎!"好像我做了老师不该做的事情一样。然后我们就走了。我很高兴见到她。

因为我到另外一所学校任教,所以直到十一月才再次见到她。一天,当我正沿着剑桥的一条街道走着的时候,看到了她。她看见我之后就跑过来。我想她肯定还会站在我面前,问我在做什么。但是她没有停下来,她一直跑——让我惊讶的是,她一下子抱住了我。我当时又惊又喜。她一定看出来了。过了一会儿,我把她放下来,我们就站在人行道上,高兴地看着对方,也没什么可说的——学校怎么样啊,挺好的;新学校怎么样啊,还不错。只是之类的话。然后我们就道再见了。当我再次见到她的时候,她已经长大了,即使还有这样的情感,也不会这样表达了。

那是在去年夏天,她已经是个 31 岁的已婚少妇。我告诉她,她是那个班里我最喜欢的学生,她很吃惊。她已经忘记了当时那个 10 岁小女孩的感受。

一九五九年六月三日

我正在批改考卷及计算期末考试的数学分数,我发现学生的成绩并不像上星期那么糟,大部分学生都有所进步,但是我要提出一点特别的建议是,训练并不像大多数人所想的那么有帮助和有效率。例如,卡罗琳缺课两个星期,而且这期间的复习课程也没有参加,但是她第一次测验的成绩却使我感到意外。25道题她竟然答对了15道,但努力复习了一星期后,在今天的考试中,她却只做对了7道,很显然,她不在学校的这一段期间似乎学得更多。

当时我很吃惊,现在我觉得这很正常。大多数孩子在校外会比校内学到更多知识。就像我在《自己教孩子》中提到的一样,当小孩因为生病或受伤不能去上学时,学校会派老师到家中辅导,这样他们就不会落下功课。这种辅导通常是每周两三个小时,有些地方更少。这已经够了。这些孩子都会跟上功课,甚至还会跑到前面去。因为他们有时间阅读自己想读的书,并且没有学校里那些无休无止的毫无意义的活动来打扰他们。

为什么要测验这些成绩糟糕的学生呢?这个问题令我既生气又懊悔。优秀的学生不需要复习,而成绩差的学生经过一个多月的复习和准备后,

大多数的学生对于这一年来的课程，均稍具信心，而且有了一些概念。但今天我看到茱莉却因为做不出大部分的题目而急得欲哭无泪，我觉得我已经使她受到相当大的伤害了。

去年秋天，我班上的学生比较散漫，但是他们却开始培养真正的思考习惯和努力的学习态度，而且对数学能力也渐生信心。宾恩努力改变原来善于投机的坏习惯，成为一位具有信心且富于思考的学生，但现在又变回习惯投机的坏学生。我怀疑测验能代表什么，参加数学测验是人生必经的过程吗？我们会因此变成聪明人或职业应试者吗？

这个问题不难回答。学校想要的就是优秀的应试者。这几乎是最重要的事情。

这让我想起在基韦斯特遇到的一位总机械师。为了应付政府的检查，他把一台破旧的发动机擦了好几个小时，他说："看起来挺亮的吧？其实根本发动不了。"

我想一定有更好的方法可以教导这些学生，使他们发挥人类最伟大的特性。但是只要我们受制于测验，就永远无法达到。在教授会议中，我们曾谈及如何奖励班上的思考者，这不是自欺欺人的做法吗？我想纵使茱莉曾经因思考而得到满足感和鼓励，但这些都不足以弥补她今天所感受到的挫折感，她知道她已经无法通过期末考试了。所以曾经有过的喜悦经验根本无法改变这次痛苦的经验，例如，受过烧伤的孩子，不管他受到多少奖赏的诱惑，也一定不会再愿意尝试这种痛苦。如果测验一直成为他们的压力，这些学生一定会为了避免更多的烦恼，而再回头采用他们所熟悉的投机方法。难

道我们真的无法改变学校以获取正确答案为神圣的信念的宗旨吗？我们真的忍心冰冻一颗喜悦、机智、对生命完全投入的心吗？

一九六〇年三月八日

有一天，一位小姐提出了比我自己说得更好的意见，而且正好言中整个学校所标榜的错误方针。在最近一段假期中，我拜访了一所仍在上课的学校。这是一所名声顶尖的学校，女训导主任为人很好，她问我在哪里任教。当我告诉她时，她假装谦虚地说："我担心你可能会觉得我们非常保守。"但是她非常欢迎我，而且特别推荐我观摩四年级的数学课程，这位老师在这里已经任教多年，而且是这所学校中教学的佼佼者。我到了不久，课程就开始了，学生一直在做一些乘法问题，并轮流将纸上的答案念出来。所有的人都进行得很顺利，直到一个学生念完答案后，另一个学生举起手说："你说什么，杰米？"老师对这个学生的打岔显得有点儿不耐烦，她认为没有必要。杰米回答说："嗯！我的答案是错的。我想应该是……"但是他还没说完，老师就说："杰米，我想我们不愿听到错误的答案。"杰米便什么也不再说了。

这个女人不论是聪明才智，还是教育经验，都是大多数老师中间的佼佼者。她口齿清晰、教养好，毕业于优秀的学校，丈夫是一位大学教授。然而，很明显，在二十多年的教学经验中，她从来没有想到必须经常听取像杰米这种错误的答案的讨论。从他们的讨论中，她也许可以了解学生们的思路以及做错的原因。我怀疑为什么每个人都说她是好老师，我却觉得她根本没有能力也不努力教导学生。我知道，杰米可能认为她是位好老师，然而这些学生们可能不知道，他们不了解数学是源于这位好老师的错误，而不是他们自己的错误，这些学生因此认为是他们自己太笨。

很多年之后，我才意识到这样的老师是多么常见。

如果我们深入思考那些问题，就会发现许多原本"错误的答案"是有道理的。不久前，佛蒙特一位年轻的教师给我写信说她用的数学课本上有这样一道题：粉刷一所房子的窗户，需要 1 又 1/2 罐油漆，问总共需要多少个半罐。其中一个学生回答说："1 个。"她问他为什么，他说："1 又 1/2 罐总共包含完整的 1 罐，半罐的 1 罐。"还真不算错，生活中我们看到的就是如此。但是大部分老师，还有判卷的机器，一定会认为这个答案是错的。

一九六〇年四月十七日

我现在要谈一年级的学生，他们目前正在使用效果可能很好且颇受重视的"格林翰方法"学习阅读。这个方法是，他们首先必须分辨哪个字母是元音，哪个字母是辅音。这种方法不直接告诉学生哪个字母是辅音、元音，而是使用定义的方式使他们学习辨别。纵使它的定义很明确，但这个方法并不理想。例如，老师告诉他们，辅音是一种不使用声带发音的切音。他要求学生了解这个定义，并反复练习、熟记和举例。学生似乎感到有点儿困惑，但情形并不严重，因此才作罢了。这个定义并不完全正确，虽然有很多辅音确实符合定义，但很多却不然，像"z、g、l、r、m、n、v"。另外，半正确的如"s、f、sh、ch"等，虽然有很多辅音并不符合定义，但是这些学生还要学习元音,很明显,前面辅音的错误定义,会给他们带来莫大的困扰。

为什么我们要告诉孩子:没有经过慎思和明辨,将得不到事实的真相。部分原因是我们不需要这项定义也知道元音是什么,而不会因为它的不合理而感到烦恼。当我看到"狗"的单词或其中的元音时,我一眼就可以分辨出来,我可以不在乎你如何定义他们。和很多小孩一样,我也容易盲目地遵守规则,而不加思考或向事实求证。但是当我们对孩子讲话时,却往往忽略了这种行为,主要原因是我们认为无所谓(或对小孩子没有影响),其实我们低估了他们的聪明才智。他们对自己所听闻到的事经常有非常丰富的想象力,而且会努力思考、体会其中的意义,如果他们不能做到所听闻来的事,便会产生挫折感、困惑与恐惧。

你一定不相信有人竟然教导小孩子做这种奇怪的事——有一个成绩很好的男同学正在做一个题目:"如果你有 6 只罐子,你想将 2/3 升柠檬水装进每一个罐子里,那么你总共需要多少柠檬水?"他回答 18 升。我问他:"每一个罐子装多少呢?""2/3 升。"我说:"那比 1 升多还是少?""少。"我说:"有多少个罐子?""4/6 个。"我说:"但这并无意义啊!"他耸耸肩说:"那是解决问题的步骤啊!"他长期所受的就是这种训练。老师告诉学生这些原则、原理,而你的工作就是在纸上写下他所告诉你的,不管是否有意义。

这提醒了我:在一年级的教室里,我看到墙上贴了很多标语:"When two vowels go out walking, the first one does the talking."(两个元音同时出现时,第二个元音不发音。)很好,你只要稍微注意一下就会发现这个句子里出现两次元音同时出现的情况,而且都与这一规则相违背,这叫小孩怎么做呢?近几年来,不少老师告诉我,这条规则依然贴在很多一年级教室的墙上。我对一些朋友谈到装"柠檬水"这个问题的孩子,以便向他们解释为什么我如此反对这些老师的教学法。他们都觉得这个孩子一定比较特别,对大多数学生来说，学校是相当理性、不会和生活脱节的地方。后来，我和他们读二年级的女儿聊天，问她最近在学校过得如何。

"还好！"

"老师都教些什么？"（我想不能再问这个问题了。）

停了一会儿，"哦！例如，教我们分辨过去式和过去完成式的不同。"她说。

"我知道了，那么你能不能告诉我哪个句子才对？'I have gone to the movies（我去看过电影）'与'I have went to the movies（我去看了电影）'。"

她想了一会儿，然后说："我不知道，因为老师在黑板上没有写，所以我不能告诉你。"

我们都觉得好笑。

后来，我答应替她保密，不让她的父母知道主角就是她的女儿。我将这件事告诉她的父母，他们带着一种怜悯的表情对我说，他们理解我的意思。

"格林翰方法"一直是教二年级学生"语音学"的方法。老师会问学生："Potomac是以哪一个字母开头？"大家一齐猜"P"、"T"、"V"以及其他字母——所有的学生都想要从同学的猜测和老师的提示中找出线索。只有少数优秀的学生真正知道答案，后来大家都说是"P"，老师因此觉得很满意、很高兴。后来她指着一张地图说："如果你们要往东走，那么你会走哪一条路？"一开始，几乎每个方向都有学生指出来，但当大家从模范生和老师的表情暗示中得到线索之后，这个问题又算解决了。

接着上音乐课时，老师告诉学生，如果他弹"Do"时，学生需碰一下脚指头。然后老师开始弹一首短的进行曲，学生跟着节拍踏步。每次他弹到"Do"时，他便加重按键，使学生晓得他们什么时候该碰脚指头。但当弹到其他的音时，如果老师加重了按键力量，学生也会跟着碰脚指头。到"Do"时，如果他没有加重按键的力量，学生就忘了要碰脚指头。这位老师始终认为他是在教学生认识"Do"这个音，而他就是凭借这种方式在这个好学校教了一二十年。

这又是学校的一个惯常思维。老师们总是认为学习是痛苦的（因为对他们来说是这样的），他们不知道实际上孩子们很喜欢学习新知识。为了增加趣味性，他们往往采用一些小游戏，就像上述老师的做法一样。教师杂志上有很多类似的建议。这些活动要花费很多时间来组织和施行——学生们会觉得时间不再那么难熬。但是这些活动也会使学习变得更复杂。用电子学术语来讲，"信号"（也就是老师的教学目的）被淹没在各种各样的噪声中。以上述活动为例，这项活动的目的是什么呢？是在教室漫步，触摸脚指头，还是听音乐？如果学生不知道进行一项活动的目的，他们怎么知道如何动脑筋呢？

学生面临对与错的选择时，他们会掌握住每一个可能的线索，而当老师的人必须将问题表达清楚，避免不相干的线索混淆正确的内容。我们应该学习熟悉每个学生对我们的表情和动作的反应，并适时地表达。更重要的是，我们必须学习让学生知道他们的投机方法或等我们代为解答问题的技巧是行不通的。我经常在解答问题时对学生说："你们为什么盯着我看，答案并没有写在我的脸上啊！"他们被我一说，反而觉得可笑。这让我想到一个方法，就是我走开使他们看不到我的表情。

如果学生不努力思考难题，却使用不正当的方法得到答案，甚至得分，就会对他们造成双重伤害。第一，他们不会再花心思去学习，以致他们的疑惑永远无法解开；第二，他会认定他在学校要做的事就是欺骗、瞎猜、看老师的表情、找线索、从别人那里得到正确的答案，除此之外，上学再也没有别的意义了。

一九六〇年四月二十二日

我看见贝蒂用手指在算一道加法题20+7，我想："她会怎么做呢？"我想了好久才完全了解她用手指算数的原因。我拿一张白纸，在上面写着10+3=？她伸出手指算一算，回答我说13，我将答案记下来。在这个题目下面我又写10+9=？她回答19。接着我又写了好几个题目：10+4，10+5，10+3，10+6，10+2。她每一次都用手指计数。后来我给她一秒钟的时间做10+6的题目，她用手指算了一算，便回答："16。"然后看一看这张纸，说："老师，每次答案都是一个1和你叫我加的数字。我发现了！"我很高兴地说："对，你答对了。"我又给她一些类似的题目：20+5，20+9，20+6，40+3，等等，她就不需要用手指算数了。

当我为自己也为她感到高兴时，我又想到，如果她真正了解的话，她一定能运用吗？她也想过数字可以活用吗？或者她的答案只是碰运气猜对的呢？这些练习对她真的有用吗？或者这只是她的另一种解题的秘诀，一种死背的规则？万一忘记这个规则，她就可能出错？如果是这样，她可能又会用手指计数了，至少她认为用手指很可靠。果然不到一个星期，她真的又用手指算数了。

如果你向学生解释"加法必须每碰到10的数就进位"，即使你向他强调了一千次、两千次，有一天你会发现她似乎没看过这种计算方法，也没有一点儿印象。那么，我反复地为她讲解又有什么用呢？因此，如果你教导一个小孩怎么做事，当你说了十次，而他还是不会做时，你最好停下来，因为你没有将自己要表达的意思和他脑子里的概念联结起来，所以你必须尝试使用其他的方法。

有一天，我叫茱蒂写出 7 的乘式，她竟然用手指算出每一个答案，纵使是最简单的 7×2 乘式，也是如此。她虽然已经听过很多次 7×2=14，也用笔记下来很多次，她之所以会写对这个答案，可能是她脑子里仍留有残余的印象罢了！但是在紧要关头时，她对这个印象就没有信心了，因此直到现在她还是用手指算。她一直很顺利地数到 6×7=42。后来她犯了一个错误——这也是大多数学生觉得不耐烦时常会表现出来的情形，她写出 8×7=49。当然她没有检查答案，只是觉得怪怪的，于是便说："哦！等一会儿，好像不太对。"然后她又写 9×7=56，她写得很潦草，6 看起来很像 0，她自己也念 0。接着她又写 10×7=57，11×7=64，12×7=71。写完了这些可笑的等式之后，她似乎没有一点儿怀疑或犹豫。她不是很小心地用手指算数的吗，怎么会算错呢？

我把纸拿开，再叫她写出 7 的等式。这次她的答案是 7，14，21，28，36，43，50，57，64，71，78，85。

我再次把纸拿开，并叫她再做一次。经过我的指正后，她列出了一组正确的答案。

看来她已经茅塞顿开了。我想如果我提醒她注意自己所写的问题和答案，她应该会检查出某些答案不太合理，而注意自己所犯的错误，以便不再重蹈覆辙。于是我拿了三张纸给她，叫她比较所写出的三种不同的答案，对的就打"√"，错的就打"×"，模棱两可的则写"？"。

一分钟之后，她把正确答案交给我，我发现只有 7×1 打了"√"，其他的都打了"×"。在我多年的教学生涯中，这大概是最令我感到惊讶的经验。

这个可怜的学生在学校里一直受到挫折。即使不断地训练、上课和考试——我们称之为教育——也对她似乎不起任何作用,反而糟蹋了她纯真不拘的个性。这五年来,在学习数学中所遭受的痛苦和奋斗,对她有什么益处呢?她长大后会成为哪一种人?她要怎么做才能使生活有意义呢?要做什么准备来迎接错误和欺骗呢?不管从哪一方面来说,我都觉得不学数学应该比较好。她所接受的练习,让她觉得学校是一个既痛苦又危险的地方。在学校,她只能忙于如何逃避和退缩,以致什么也没学到。即使学到了,也无法加以运用。

21年过去了,想到学校和社会几乎没有从类似这样的事情(在我们国家,这样的事情比比皆是)中吸取教训,我就又生气又伤心。学校毁掉了这个孩子。也可能不只是学校,甚至学校起的作用不是第一位的,但是作为外界的因素,学校一定起了强化作用。

假设我对她说:"无论花多长时间,无论用什么方法,只要告诉我7乘以2等于几,并且你自己要确定给我一个正确答案。"她能做到吗?我几乎可以确定,她做不到。她对数字,对这个世界,对她自己,对学校,也包括对我都不信任。她怎么知道自己经过计算,很确定$7 \times 2 = 14$,我就不会又想出什么鬼点子来证明她是错的。她在学校里学到了一点儿,并且掌握得很好,就像丘吉尔说的,老师的提问不是要看你会什么,而是要看你不会什么,并且公之于众。老师的问题,就像考试一样,是一个个陷阱。她已经无数次地掉进老师的陷阱里,她再也不会上当了。我可能比其他老师友好,如果她做错了,也不会冲她大喊,但是我依然是老师。

如果能够让她顺其自然地成长，很可能她会比在学校里对数字掌握得更好。即使她到 10 岁还对数字一无所知，当然这几乎是不可能的，那对她来说也是好事。至少她的头脑里不会充满歪曲的"真理"、被篡改的"规则"，也不会有伤心和困惑。至少在她自己需要的时候，还可以对数字有一些探索和理解。

一九六〇年四月二十七日

从小学一直到研究生的老师们似乎都很难做到一点，就是让学生了解的知识比真正能吸收的多。一个老师想要比其他老师显得更杰出，或一个学校要在其他学校中鹤立鸡群，唯一的方法就是依赖学生学习的多寡，而不是他们真正了解的程度，或是他们是否能够善加运用所学，甚至他们是否能运用得当。课堂和课程表上所包含的学习内容愈丰富，我们就显得愈优秀。同时，学生离开课堂后，也容易表现出我们的教学成果。

在我上学的最后一年，高年级的同学大约多停留了一个星期参加最后的考试。我们的远古史老师基于多年的经验，告诉我们要好好地利用 20 分钟的时间准备他给我们的 15 个题目，我们都很识时务地接受他的忠告，努力准备这些题目。等看到试卷时，我们发现试卷上的 8 个题目完全在他给我们的 15 个题目中。因此，表面上我们都学会了远古史，也得到了很好的成绩，事实上，我们对远古史一窍不通，而他却成为了一位优秀的老师。这所学校仍然颇负威望，也是一般人眼中具有良好学习环境的学校。其实，我对远古史所知有限，甚至都是谬误的知识。多年之后，我变得不喜欢历史，认为学习它只是在浪费时间而已。我想，如果在毕业两个月之后再来参加考试，即使面对很简单的测验，我也一定无法通过这个学分。但是谁又在乎呢？

我自己就是这样混过来的，毕业后刚开始教书时，我很自然地认为考试的目的是在测验及了解学生对课程所吸收的程度。但是我很清楚，如果我举行一次随堂考试，内容包含最近几天内的课程内容，没有一个学生会及格。这使我觉得很难过。我曾向学校指出这些问题，但我所得到的回答是，想要大多数学生都通过升级的唯一方法就是事先宣布考试，透露考试范围，并针对某些考试问题的形式不断地复习。后来我才知道，老师们几乎都采用同样的做法。其实，我们都知道这种做法是不对的，但是没有一个人敢率先停止。我们甚至以这样做并无大碍为借口，来寻求自我安慰。但是我们错了，这确实造成了很大的伤害。

这种做法确实造成很大的伤害。首先，因为它并不真实。其次，学生也知道我的朋友和我都拿到远古史的学分，而我们都很清楚有人使诈，只是我们无法确定谁该负这个责任。我们通过考试并不是因为我们真正了解远古史，而是我们的老师很伟大地充当了预言家。因此，即使比我们年纪小的学生，也知道大多数老师最期望的并不是知识和理解，而是学生的表现，至少在学校里必须表现得聪明、伶俐。

这样说来，有所作为的学生，在学校的功课好像就是学习欺骗。事实上，他们确实在学习欺骗，以便成为很善于猜答案的好手。同时，他们也学习如何投机取巧。记得我中学的第一位英文老师教我们阅读麦肯莱（Macaulay，英国的历史学家）的论文时，由于他喜欢我们大声朗诵，也偏好掉尾句（也就是将主要动词放在句尾的复杂句），因此，我在每一篇报告中，都会创造几个这样的句子。就是这样，我得到了很好的成绩。

这种样板考试为害甚深，使学生觉得真正的理解并不重要，等于扼杀了真正钻研学问的学生的兴趣。如果一个学生不只满足于知道"正确答案"

或获得答案的技巧,那么他的学校生活必定是非常难挨的。因为技巧和答案是老师最重视的,他们可能会对这些真正求知的学生感到厌烦,甚至生气。对于这些学生所提出的问题"为什么是这样,为什么不是那样",他们不仅不知道如何回答,也不愿花太多的时间。

简单地说,我们这种"通知考试"的教学方法,使大多数的学生感到相当困惑。他们的学期成绩完全建立在不确实的基础上,并认定学校只是一个盲目附从的地方——只要照着这些没有意义的题目和解答做,便可以得到好的成绩。

一九六〇年七月十日

对于测验的好处有两种不同的说法,一种是恐惧测验会迫使学生努力用功,而得到更好的成果;另一种是测验可以使老师知道学生真正的学习程度。其实这两种说法都是错误的。如果孩子真的对考试感到恐惧,他们就不会努力用功,也不可能得到好成绩。另外,测验也无法显示学生的学习成果。考试不仅无法表现聪明学生的理解程度,也不能达到老师对学生所要求的成果,只是明显地暴露了这些学生一无所知的丑态而已。

有一天,我和茱莉、伊莲在一起研究功课,伊莲的数学概念实在差劲极了。我在黑板上写着:

$$\begin{array}{r} 256 \\ +327 \\ \hline \end{array}$$

写完后,我开始解题,一步一步地讲解,而且每做一个步骤就大声说明。我的目的是要让她们有更多的时间来思考我解题的方法。最后得到的答案是:583,然后在这个题目旁边我写了一个新问题。

$$\begin{array}{r}256\\+327\\\hline583\end{array}\quad\begin{array}{r}256\\+328\\\hline\end{array}$$

我对她们说："我们接着再用 256 来练习加法，但是这一次不是加 327，而是加 328，所以这一次你们自己做。"我怀疑她们是否知道答案应该是比原来的答案大 1，也就是 584。过了一会儿后，我发现她们的答案纸上竟然出现 353。

我又写了新的题目，但我仍是一步一步地解说，直到她们也点头表示了解为止。然后我在旁边写上同样的题目。

$$\begin{array}{r}245\\+179\\\hline424\end{array}\quad\begin{array}{r}245\\+179\\\hline\end{array}$$

我叫她们做第二个问题，然而她们并没有察觉到题目是相同的，于是算了半天才说：524。

再试一次，我写上 88+94=182。后面又写一个题目 88+94=？这一次她们总算发现题目相同，所以答案一定一样。

一会儿我改变题目方式 2×12=24，2×13=？伊莲立刻回答："这种方式我不会算。"但是当我将题目变成原来她所习惯的方式时，她马上答出正确的答案："26。"茱蒂却回答："68。"当她观察了我的表情之后，立刻改变主意说："等一下！"然后她回答："36。"我说："是怎么算的呢？"她走到黑板前面，在黑板上写 2×12=24，3×12=？她丝毫没有注意到她已把题目改了，然后她说："我还没写完。"于是她写 2+1=3，4+1=5，答案是 35。"对吗？"

后来伊莲又告诉我 20+10=29。

这些学生和大多数幼儿园的小孩一样，每年接受一次或两次一系列被误称为"进阶测验"的考试。这项测验的种类有很多种，但大都是钻牛角尖，没有意义。理论上，它们能够使老师和学校评定（记录小孩子在学校里的学习成果）学生在整个城市相似学龄中的"成绩指数"。事实上，他们是在纵容一种欺骗的行为。虽然老师没有逼迫学生接受这项测验，但大多数的老师却盲目地迷信高分，也就是他们所谓的"高水平"。

由于这种测验的设定，学生的测验分数就成为晋级的标准。五年级学生在多数的学力测验中平均成绩需达到 5.5。这个标准显示一个孩子的能力可以赶得上五年级的学生。我教的一些迷惑和无助的学生，并没有和班上资优学生一起参加测验，但他们并不见得会落后一两年。根据今年的测验，班上数学能力最差的学生已达到晋升四年级的程度，简单地说，他们已大概了解加法、减法、位值、乘法和简单的除法。然而事实并非如此，因为这些学生对数学根本一窍不通，即使是一年级的学生应该知道的内容，他们也不懂。如果真有这回事，那么唯有正确的测验、真正衡量的标准才能显现出真实的学习能力！

他们是怎么得到高分的呢？早在测验的前一两个星期，老师就开始针对测验的形式和问题对他们加以训练。学生参加这种测验就像机器狗一样，当看到某些数字、符号横在前面时，灯就开始闪动，轮子也开始旋转，除非能通过所有解答的步骤，否则就不能得到高分。我们都认为老师不可能会这么做，但事实上却是如此，连我也不例外。后来学校请我发表对这种测验的看法——如果学生的测验成绩不好，他们的父母就会紧张，反而使孩子的学习更加痛苦，所以学校不得不维持原来的作风，而这些可怜的宝贝只好再继续受同样的罪了。我们岂能让他们接受更多的痛苦？这难道是对儿童合理的教育方式吗？

一九六〇年十二月四日

不久前,我看了一篇令我非常难忘的文章,我觉得它和这些学生有很大的关联。

该文的作者曾陷于德国的集中营里,他和他的囚友曾无视自己的无能,为求生存和保持人类的基本尊严而不顾一切地挣扎过,也曾奋不顾身地联合抵抗狱卒的苛刑。在长期痛苦的奋斗中,他们终于找出一种所谓的"营区人格"来面对营中的生活。他们采取的方式是表现愚钝、傻笑、无意识地配合和同意。如果有人使唤他们做事,他们除了聆听、殷勤地点头外,也必须对别人的话提出问题,以表示他们愚钝与无知。当这种应对的方式无法使他们觉得安全时,他们又改变了态度——尽量反对别人的话,但是他们仍然战战兢兢。他们觉得这种方式虽不至威胁纳粹的敌视或集中营的训练,然而却使他们在无助的环境中仍保留一小部分完整的人格。

战后,作者在世界各地和许多不同的人群一起工作过。过了很久他才发现,在非洲殖民地的"黑人乖小孩"或美国南方的"温顺的黑鬼"所表现的性格就和他与他的囚友在集中营中所表现的"营区人格"一样。当他第一次意识到两者的相似之处时,他非常震惊:这些人竟然和他一样伪装出这种人格。现在他可以肯定地回答这个问题,受支配者假装这种人格,一方面可以取悦控制者;另一方面也能满足部分人类尊严的欲望,表现得更笨或更无能,拒绝控制者利用他的才智和能力,宣布他们的心灵和智能可以从受奴役的躯体中解脱出来。

这与学校里所发生的情形不是很类似吗?学校像一所监狱,学生则是一群被支配的人，难道他们不会为了逃避以及受到长辈无止境的压力而感到挫折吗？不会抹杀他们内心中最明智和最有创造力的部分吗？这不是可以解释聪明的孩子在学校的表现特别笨拙的原因吗？然而，学生对于老师的指示和讲解却认为"我不会"——这不是抵抗痛苦和逃避的说辞吗？

我想这是可以确定的，学生的做法完全随年龄和个性而异。在压力的控制下，他们想反抗却又不敢采取行动，以致有些学生表现得很笨拙，这是我所观察到，也是感觉到的。大部分学生并不知道他们在做什么，但是他们对"狱卒"——老师并不表现出自己的聪明才智，以免受到更严重的挫折。因为他们的聪明才智另有他用，如自由的生活、自我思考的梦想。自由对小孩是相当重要的，而且是必需的。他们对于别人所交代的事会全力以赴，其余的时间则陶醉在自己的世界、兴趣、计划、忧虑和梦想中。

最后的结论是，他不会将全部的精力放在学校，不管是那里使他感到害怕，还是他根本不想到那里，结果都是相同的。恐惧、厌倦、抵抗——将使他们成为我们所说的笨学生。

说得夸张一点儿，学校也是让学生变笨的地方。这个想法虽然可怕，却有相当的真实性。我们都知道婴儿总是将自己投注于每件事上，拥抱生命、专注于生活，这就是为什么他们学得很快，而且有些人会成为大人物的原因。厌倦、恐惧、笨拙都是后来才形成的。最初，学生带着好奇心去上学，几年之后，他们的好奇心不是减低就是消失殆尽。如果你提出问题问一至三年级的学生，他们的反应会很激烈；但如果你问五年级的同学，就可能不会得到答案，原因是他们可能没有问题或不愿提出来。他们会这样想："这会有什么结果呢？""有收获吗？"去年，我考虑到自我意识和受窘可能会使学生不愿意说话，于是我在教室里放了一个问题信箱，并且告诉他们：凡是他们所提出的问题我一定会一一答复。在四个月内，我总共收到了一个问题。

当我说熊和其他生物的生命宛如白驹过隙时，有一个小孩不耐烦地说："算了，直接回答问题吧！"从小孩子脸上的表情，我们可以看出他在说："你们叫我来上学的目的，就是要我按你们的话做事。"好奇、问题和沉思——这些都是校外的事，而不是校内的事。

厌倦和反抗可能会和恐惧感一样使孩子变得笨拙。如果你叫学生做一件学校里所学的事，他会不会害怕或排斥呢？或者他愿意做，但会感到厌烦呢？他做这件事时是不是只会付出一小部分的注意力和智慧？换句话说，他是不是会做得很笨拙——纵使做对了？这似乎会变成一种习惯。他习惯于不经思考，不用心做事，却想出投机的方法来蒙混过去。久而久之，他自己也会认为自己愚蠢。大部分五年级的同学都自以为笨，同时认为从学校学来假装无能的方法，是唯一可行的方法。

劝勉这种学生要专心一致，思考所言所为，那简直是对牛弹琴。我在科罗拉多九年级代数班中的一位学生，在学校的表现平平，即使对他大喊"想！想！想！"也是白费口舌。每当碰到代数问题时，他所能提出的唯一方法是胆怯、不去想它、退缩、逃避。他的方法和结果始终是不变的。他已经无药可救了。

我们要求学生在一天内做完的事情，换成成人可能一小时都受不了。如果我们参加一场自己都没有兴趣的演讲，我怀疑有多少人能具备心无旁骛的精神。小孩显然比我们更无法集中精神、控制注意力，所以对他们大吼，要他们集中精神是没有用的。如果我们要保持强硬的态度（就和其他很多学校一样），当然可以让学生两手放在膝盖上，安静地坐在位子上，眼睛不停地盯着我们或某一个人，但是他们却早已心不在焉了。孩子的注意力需要循序渐进地诱导。就像面对一只野蛮的动物，我们必须用饵诱它，才能够接近它。如果环境、教材和问题都引不起孩子的兴趣，他的注意力就会转移到自己感兴趣的事物上,而且不管你如何规劝或使用什么恐吓的方法,都没有用。但是如果他所面对的事物能引起他的注意和兴趣,他便会专心投入——简单地说,当他注意他正在做的事时,他会变得很聪明。这就是为什么我们要尽量提供有趣、具有鼓舞性的教材和教学方法的原因。这不仅可以使学校成为让学生感到快乐的地方,而且可以使学生在学校里也能充分发挥才智,并且养成尽情发挥智慧的习惯。同理,如果学校让学生感到厌烦和恐惧,学生的行为就会变得笨拙。有些孩子在学校内的所作所为可能是故意的,而之所以造成这种情形的原因是他们不得不如此。如果这种情形在学校里一直持续下去,他们会忘记把握重点、发挥智慧是怎么一回事,会忘记自己以前也曾经用过心思、智慧去把握每一件事物,会忘记如何积极地面对生活和累积的经验,更会忘记自己也曾很自信地说过"我了解!我知道!我能做到!"

一九六一年四月九日

在"真实的学习"这篇里,我曾叙述马茱莉用古氏积木做算术的情形,但是我无法用文字形容她做这件事时所表现出来的自由、快乐、轻松、机智和专注。我从来没有看过像她这样的学生,她在学校的几年中几乎都是在欺骗或蒙混中度过的,使用不正当的手段从别人那里得到正确答案,并且对自己不知道的事假装知道、理解,而现在她终于解脱了。

当我听到她说"如果你用投机的方法获得成功时,你一定会觉得很有趣"时我打心底感到难过、生气、厌恶,因为我们为她和其他学生提供了一个可以真正思考、发现和理解的机会,而她竟然口出此言。错误的教学对他们智慧的影响,等同于否认了营养的食物对他们的身体有正面的作用。因为这种教导使他们变得脆弱，阻碍了他们的成长，使他们变坏，也使他们变得不诚实。学生很容易欺瞒过老师，这是可以肯定的，但是他们之所以得逞，正是因为老师们都乐于或有意受骗。

一九六一年六月十五日

不久前，有位学生的母亲对我说："我想你的做法并不太正确，虽然你把作业安排得富有趣味性，但是孩子长大后毕竟还是要面对很多他们没有兴趣的事物，还不如早点儿让他们习惯。"

人们经常用口号及一些陈腔滥调来掩饰他们心中真正所想的事情。虽然那位学生的母亲并不是第一个对我这样说的家长，但是每次听到这样的话，都会让我惊讶。从一个进步的国家的幸运的国民口中说出这样的话，该是多么唐突的生活态度啊！难道生活就是这么单调而痛苦吗？只是一串无止境的义务吗？难道教育就只是一种必经的过程而已吗？这位母亲仿佛在说："我儿子将来要当一辈子奴隶，我希望你让他习惯这种想法，且确保他将来做个尽职、勤快、高效的奴隶。"

成人在碰到令人沮丧的事，或被琐碎杂务缠身时，会希望自己过着被奴役的生活吗？这是可想而知的。当一个人感到自己的生活如此痛苦时，他一定希望自己的孩子能过得比他更好、更幸福、更自由。因此，他应该说："我已经失去追求快乐、有意义的人生的机会，请你尽量教育我的小孩，使他能过得更好、更自由。"

不管家长是否这样要求，我想这是我们的责任。

我不否认这个女人很有魅力、很能干，也很疼爱她的孩子，但她与很多家长及老师一样，都对孩子抱着一种非常不尊重也不真实的想法，即他们从不会主动做任何事——任何有用的事,除非师长鞭策他们。这个母亲和其他的家长所表现的观念一样,据她们告诉我的一些跟孩子相关的故事,都有下列的情节:首先,孩子不想做某件事,她便要求孩子做;然后,孩子做得很好,甚至做得非常有趣。她从来不会告诉我,她的小孩能自动自发地把事情做好,但一轮到我告诉她这些情形,她反而提不起兴趣,也听不进去。她唯一在乎的是她的孩子是不是得到了高分。

孩子们必然会感受到这种态度,而且厌恶这种态度。我们有什么理由说除了我们所认可的事以外,孩子不会做出一些值得我们称许的事呢?这种无知地塑造孩子的个性的行为,会破坏我们试图努力培养的他们的良好特质,何况他所受到的伤害也会和他所得到的益处相互抵消。

不对——我们造成的伤害远比益处大。

结语 教育的使命

我们所谓的聪明，并不只是指能在某些测验中得到高分，或在学校的表现特别优异，这些充其量只是教师们的期望和苛求而已，并不是绝对重要的条件。我们所指的聪明是指一种生活的态度——一个人处于各种情况下所采取的行为模式，尤其是处于新的、陌生的、困窘的环境中，所抱有的生活态度。评估聪明的测验，并不是测验我们知道怎么做，而是测验当我们不知道怎么做时，我们应该采取什么态度或行动。

聪明的人——不管是年轻或年老的，当他们碰到新环境或问题时，都会以开放的心去接受它，也会将问题牢记在心，并广泛收集相关数据，以便思考问题本身，而不会考虑该问题（或情况）会对自己产生什么影响。他会勇敢、用心、诚恳地面对它，虽然不一定能完全把握，但至少还有希望。万一他对问题不了解，也不会感到可耻或自责，相反，他会尽量从寻求解答中学习，这才是真正的聪明。很明显，这种聪明根植于他对生命的投入与对生命本身的重视。另外，我们所指的不聪明，并非大多数心理学家所认为的那样，不聪明不单是缺少聪明而已。两者所抱有的是完全不同的行为模式、对事情的不同观念，也因而发展出完全不同的生活态度。

经过多年的观察以及对聪明、不聪明（或比较不聪明）的孩子间所做的比较，我发现他们是完全不同类型的人。聪明的孩子对生命和现实充满好奇心，并充满体验生命、拥抱生命的热情，他和生命之间没有任何隔阂。不聪明的孩子则缺乏好奇心，对于周遭所发生的事不感兴趣，不愿面对现实，喜欢沉浸于幻想世界中。聪明的孩子喜欢亲身体验，广泛尝试，如果一种方法行不通，会尝试其他的方法。不聪明的孩子则不敢做任何尝试,即使劝他尝试一次,也必须花费很多的时间和精神,万一尝试失败,他就会完全放弃。

聪明的孩子具有充分的耐心,能够忍受不确定和失败,而且能永无止境地忍耐,直到找到答案。如果他所有的实验都失败了,他会勇敢地向别人承认自己暂时找不到答案,虽然这可能会使他困恼,但是他能够耐心地等待。一般而言,他不希望别人告诉他怎么解答问题,或解开他一直无法突破的谜团,因为他不愿意失掉自己想出解决方法的机会。不聪明的孩子就不会如此。他无法忍耐不稳定或失败。对他而言,不能解答的问题并不是一种挑战或机会,而只是恐惧。如果他不能迅速地找到答案,便希望别人能尽快告诉他,为了得到答案,他什么都愿意做。一位二年级的老师也说:"我的学生喜欢我给他们有正确答案的问题。"基于某种神秘的巧合,她也的确是这么做的。

聪明的孩子对于自己不熟悉的地方,通常都愿意去冒险,乐于享受没有航线的航行,纵使碰到荒岛,也乐于冒险。例如,他通常会选择一些自己不了解的书来阅读,希望能够发现这是一本值得阅读的书。我的一些五年级学生就是抱着这样的心情,于是他们去阅读狄更斯的作品。不聪明的孩子则只会走向他完全熟悉的地方,如果对某件事没有把握或和他的某些经验不大相符,他就不考虑参与。聪明的孩子觉得宇宙是一个相当感性、合理而且值得信任的地方。不聪明的孩子则觉得宇宙是个无趣、不可知、危险的地方。他们觉得自己永远无法预测即将发生的事,尤其是面对一个新环境的时候,总之,他们永远都往坏处想。

没有人一出生就是笨拙的。你注意观察婴儿,并仔细去思考他们的学习和行动,如果不是天生低能,他们都会表现出一种生命的形态,而且具有学习的渴望和能力。如果成年人也有这种心态,他将是一个天才。几乎没有哪个成人在他生命中的任何三年内所学习的成果和对周遭事物的体会认识,能像一个婴儿在他前三年内所得到的一样多。然而孩子长大后，超凡的学习、成长能力踪影何在？

这种能力被破坏了，最主要的破坏力正是所谓的教育——多数学校与家庭在做的事。我们的指导或命令会让大多数孩子的聪明才智和创造力在做事的过程中受到摧残。因为我们的行为使他们感到恐惧、害怕，不能达到别人的期望，无法取悦别人，或怕犯错、失败，我们使他们不敢冒险、体验、尝试困难或不熟悉的事物。即使我们无意造成孩子的恐惧感，但是当他们怀着恐惧来找我们时，我们却利用这种恐惧心理来驾驭他们，令他们顺从命令。我们不但没有抚慰他们恐惧的心灵，反而加重这种恐惧感。我们通常较喜欢温顺、谦恭而且敬畏我们的孩子，因为我们希望自己的形象是和蔼可亲的。我们理想的好孩子必须对我们具有适度的敬畏，乐于听命，而不是那些对我们除了害怕之外还是害怕的孩子。

我们阻扰孩子喜爱学习的兴趣，这种特性在他们很小的时候就显得非常强烈。我们鼓励或强迫孩子追逐琐碎、不重要的奖励——如获得奖章、考满分、在布告栏上得到表扬、成绩单得优等。简单地说，他们会为了得到极小的满足（如觉得自己比别人好）而努力。我们的做法就是让他们觉得在学校上课的目标就是考试，而且要得到高分，或让别人觉得他好像无所不知。

我们不仅抹杀了他们的好奇心，也抹杀了他们对于美好和令人艳羡的事物所产生的兴趣，使得大多数 10 岁左右的小孩不仅不会发问，甚至对提问的人嗤之以鼻。

我们经常在小孩子对某些事正产生信心或即将建立起信心时，突然介入其中，动摇他们的信心。首先，我们专横地析离他们完整的观念，分散他们的注意力，然后再试图以莫名其妙的人为方式加以"整合"。例如，学生上瑞士地理时叫他们唱瑞士民谣；当他们在阅读林肯的童年传记时叫他们做数学题目，然后又叫他们做些无意义、模棱两可的事，让他们产生挫折感。

更糟的是，我们根本不知道自己所犯的错误。所以，当他们听到突然插进来而又似懂非懂的叙述时，他们会觉得自己的困惑不是由于教材的关系，而是因为自己太笨。我们甚至让孩子与常识及现实世界脱节，而硬塞给他们一些没有意义的文字和符号，使他们对符号失去了概念。他们无法将文字、符号变成学习或处理事物的工具和方法。由于他们不了解文字的指示，以至读书反而让他们更困惑。他们的脑子里可能有些新词汇，但是他们的心智却永远没有成长，永远是一样的模式。同时，我们可能会使少数有才干而优秀的学生变成几种令人担心的类型：一种是原来能够很流利运用词汇、符号的学生，变得畏缩、没有信心；一种是原来喜欢向其他人发表意见的学生，在被要求举例说明或详细讲解时，突然变得一语不发，甚至恼羞成怒；还有一种学生是每次在高谈阔论时，变得会创造词汇和刻意咬文嚼字——如百万人死亡或百万具尸体等，来加强文字本身的严重性。

  我们使孩子感到恐惧、困惑，等于是鼓励他们不要表现得太聪明。另外，我们每天重复叫他们做单调、乏味的事，不用花心思，不用费脑筋，使他们感觉烦闷。如果我们看到教室内所有的学生都认真地做一些指定的工作，我们内心会感到无比雀跃，当有人提醒我们这些学生并不喜欢做这些事时，我们会觉得无所谓，也会自我安慰地说，这种乏味、无止境的忙碌是良好生活的准备，而且小孩子如果不做这些事，他们将很难管教。为什么教育必须是这么无聊呢？我们不能将它变得更有趣吗？因为在学校里每件事都要求做得完美，而且每个问题都必须有正确答案，所以，如果我们指定太多的工作给这些学生，很明显，他们会感到害怕，进而马上排斥我们所教导或规定的做事方法。如果你有一大堆报告要写，你就不可能浪费时间去思考，然而我们都让小孩养成一种只使用一部分思考能力的习惯。他们觉得学校是一个必须将大部分时间以机械方式做无聊事情的地方，久而久之，他们便深陷低度运用智能的习惯，即使有意愿也无法逃脱。从六七年前开始，我不再跟老师以及实习老师谈学校的彻底改革。这明显超出他们的能力范围,为什么还要求他们做这些呢?我开始跟他们谈一些小范围的、不用花太多钱的、更可行的做法,他们没有被解雇的风险,还可以改进自己的阅读、写作以及数学教学,这些都是我从教第一天就很感兴趣的事。

在伊利诺伊州的一所师范学校,我提到,如何把简单琐碎的问题讲明白,比如加减乘除,使我日常的教学工作充满挑战。我希望这些未来的老师也可以充满创意,对自己的工作负责任,有一个务实的态度。坚决放弃没有效果的做法,并不断探索更有效果的教学方法。我跟他们讲了一件事情。我刚开始做老师的时候,有学生提了一个关于分数的问题,我到13年后才想出合理的解释。这样的提问、探索和发现正是教师工作乐趣的一部分。

在这中间,我停下来,调整一下呼吸,注视着我面前这些学教育的学生。他们热切地看着我,但他们脸上的表情是什么呢?激动?高兴?困惑?怀疑?生气?不,都不是。那是什么呢?突然我明白了。是恐惧!他们的提问证实了我的想法。他们不希望13年后才知道答案,他们现在就要知道答案。他们希望我告诉他们怎么做。如果我不知道答案,他们就要去问别人了。

不久,我发现了另外一种现象。在西海岸的一所师范学校,两位年轻的心理学教授邀请我到他们的班里做一个演讲。那是一个小型的教室,显得很拥挤。我坐在教室前面的讲桌旁。因为当天晚上还要讲关于教育的话题,所以我跟这些学生讲了一个新话题——心理学在日常生活中的应用。我以前没有讲过这个话题,讲的过程也是一种探索,我觉得还不错。

后来我发现一些异样。我有一个习惯，讲话的时候会看着我的听众，看看这个人，看看那个人，就是很快地看一眼。我注意到，每当我跟一个学生眼神相接的时候，他们就会垂下眼睛。一次、两次、三次、五次，我都没在意。很快，我无法不注意到这种现象。我一边讲，一边想："这是怎么回事？"我开始注意观察，发现这种现象不是偶然的。没有学生敢注视我的眼睛。我能感觉到，当我移开视线，他们就会抬起头来。所有人都是面对我的，但是只有他们的教授跟我有眼神交流。我本想提醒他们这是个值得研究的心理学现象，但是想到他们可能会很难堪，所以就没说。

后来我经常注意到这种现象，通常是在小型的教室里。可能是大教室本身或者我们之间的距离让他们更有安全感。

现在我对这种恐惧的表情和垂下的眼睛已经习惯了。要是哪天我看到的不是这样，反而会意外呢。如果让我给这些人提建议的话，我会说："先克服你们对世界的恐惧，再去当老师。可以先做点儿别的事情。去旅行，住在不同的地方，做各种不同的工作，去经历些有趣的事，对自己多一些了解。先去掉你的恐惧，否则你的教学会一团糟。"

当然，如果我大学毕业后直接去做老师，我也强不到哪里去。跟这些年轻人一样，我在21岁的时候，对自己很没有信心，也不喜欢自己。我对周围的世界充满恐惧，尤其是新事物。幸运的是，我到30岁才开始教学。那时我已经在潜水艇上工作过3年，还参加过战争；在国际政府运动中做过6年负责人，期间做过600场演讲；我曾经在很多欧洲的城市居住，因为没钱，只好待在家里不出门；我还骑自行车从巴黎到罗马；在为国际政府工作的时候，我成了50个家庭孩子的编外叔叔。我并没有完全克服对自己的不信任以及对世界的恐惧，但我已经可以不把教室里的挫折看成对我的权威或自我价值的威胁，而只是把它们看作有趣的需要解决的问题。

可是我们怎么能够强迫这些年轻人也去经历同样的事情呢？他们需要一份工作，需要工资，现在就需要。他们花费时间和金钱就是为了做老师，除了没有技术要求的苦工，他们还能做什么？除了像我一样幸运，他们如何找到那些有趣的、充满挑战的、回报丰厚的工作？或许有一天，睿智的学校可以把这些作为他们培训的一部分。目前还没有学校这样做。

除了教室，他们没有地方可以去。无论是不是感到恐惧，他们必须进去。一旦到了教室，他们就会想办法克服他们的不自信，保持他们脆弱的自尊，战胜他们的恐惧心理。而做到这些的唯一办法就是跟孩子们开展一场无休无止的心理战，让孩子们比他们还要焦虑和恐惧。

这场战争在孩子很小的时候就开始了。不久前一位母亲告诉我，她5岁的儿子刚上幼儿园的时候，有一天在课堂上跟同学说话，他还不知道某些时候是不允许说话的。本来告诉他这条纪律就可以了，他的老师却在全班同学面前大声地批评他，然后还做了一个长长的红色的纸舌头，别在他的衣服上，把他叫作"长舌头"，甚至还要求其他孩子也这样称呼他——他们当然照做了。战争就是这样开始的。孩子们不会从中学到任何东西，并且也没有结束的迹象。于是学校渐渐变成充满欺骗和紧张的地方。我们经常会欺骗学生，至少在学校里是如此。我们教导他们的内容，并不是他们所想的内容，而是我们觉得他们应该知道的或外界认为他们应该知道的。学校发现，只要他们觉得不满意或不适合的观念、事实、事物，他们都能轻易禁止我们教导并修改教材和图书。因此，我们不可能对孩子保持真实。然而父母、政客和学校都不断地鼓励我们这么做（即使在争论不太强烈的地方）——我们提供给学生的教学、书籍和教材，都包藏着许多不诚实和曲解事实的内容。

我们不觉得应该对小孩子表现真实。我们将自己扮演成世界各地——如莫斯科、华盛顿、巴黎以及世界所有首都——的报纸发行人和操纵者。我们认为自己的权力和责任并不是揭露事实让读者知道，而是发表任何可以达成我们目标的内容。我们的目标就是将小孩子塑造成我们的理想模式，长大后成为我们眼中有成就的人，凡事按照我们的模式思考的人。我们总是相信对孩子说谎比说实话还好，于是我们就说谎。并且我们还不需要为自己的谎话找任何的借口，只要我们觉得自己方便撒谎或应该说谎。

更糟的是，我们对自己也不诚实，对自己的恐惧、无能、脆弱、偏见、动机都不诚实。我们呈现在孩子面前的形象永远完美得和上帝、万事通、万能博士一样。最糟的是，我们不但欺人而且自欺。我很惊讶自己竟然也向其他老师说，如果学生提出的问题我也不懂时，我的回答是我一点儿都不知道；或者在我犯错时，我最常说的就是我真笨；或者在我要尝试自己没有把握的事时，例如画画或打高尔夫球，我竟敢大胆地在他们面前表现，这样他们便能看到我也在很努力地做事，而且知道成人并不是事事精通的。如果孩子要求我做一些我不会做的事，我可能会告诉他"我不会做是因为我不想做"。没有给他一个圆满的交代，这样会让他们有被打入冷宫的感觉。有趣的是，我以这么开放的心态面对学生，效果竟然非常好。如果你告诉学生你不做某件事是因为你不想做，他会很乐意接受这个事实，纵使这是他无法改变的事；如果你叫他停止做某件事，你必须告诉他因为他这样做使你感到无法忍受。事实上，这才是劝止他们的真正妙诀。

总之，我们对自己的不诚实，使得学校变成令人感觉不愉快的地方。很多教材的作者一再强调，老师在教室里一定要爱护学生，所有学生都是平等的。老师必须尽量为教室中的每一个学生付出，也就是说他应该对每一个学生的幸福负责。虽然他们的立论正确，但是他们所讨论的爱如果撇开前面所说的观点，而专指感觉、感情而言，那么这二者就不可能相等了。

与其他老师讨论到这个问题时，我曾经说过我会对班上的某些孩子更加偏爱。虽然我没有明说是哪些孩子，但我向孩子们坦承过这一点，事实上你不说孩子们也是知道的。当然那些老师听了都很惊骇。有位老师说："说这种话太可怕了！我对每个学生都一样喜爱。"这实在是自欺欺人的说法。很多大人并不喜欢小孩，那么，为什么当老师的人就非喜欢小孩不可呢？问题是他们觉得这是他们的责任，否则他们就会有罪恶感，并觉得愤愤不平。为了排除这种罪恶感，他们以特权来平衡，以严厉的方法来消除自己的愤怒，这种残忍的做法，我们可以在很多教室中看到。总而言之，由于这种心态的作祟，使得学生在学校所看到的老师一般的形象是：欺骗、温柔、令人作呕的声音和态度、勉强的笑声，难怪孩子对之烦腻厌恶。

我们对学生不真实，同样地，我们也不能要求学生对我们忠诚。一开始我们就牵引他们进到这个假象里——学校是个美丽的地方，他们必须每分钟都钟爱它。他们早就知道，不喜欢学校、不喜欢老师是不被允许的，不只不能这样说，连想也不行。我认识一个健康、活泼而快乐的5岁小孩，他最令人头痛的是不喜欢幼儿园的老师。罗伯特·海尼曼（Robert Heinemamn）是资历丰富的心理辅导专家，专门辅导一般学校中无法应付的问题学生。他发现这些学生由于无法尽情地表达、发挥自我，而且不知道学校或老师在他的心理上已经造成恐惧、羞辱、愤恨，使他们原本热情的心灵渐渐地封锁冰冻起来。因此，只要他们能够尽情、自由地对自己或其他人表达出心中的感受，他们便能放宽心胸，重新踏上学习的路途。我们为什么不能对学生说"法律规定你们必须上学，但没有强迫你们必须喜欢它，也没有强迫你们必须喜欢我"？这可以让很多学生更能忍受学校生活。这也是我经常对五年级学生所说的话，我认为这种坦白没什么不好。

小孩子常常会听到"如果你是乖孩子就不能说这种事"，他们从小就被灌输不能将自己所想或感觉的事物、最有趣和最担心的事告诉别人。小孩子很少能够公开地向他们的长辈谈论他最有兴趣、最关心、最担心的事,这就是为什么有钱人愿意花每小时 25 美元的代价,将他的问题孩子送到心理医生那里的原因。因为他是唯一能够让你坦诚谈论心事而不会不耐烦或生气的人。但是我们真的必须等到小孩子长期受到恐惧和困扰后,才让他们有发泄的机会吗?我们必须花时间来做长期心理分析的训练,才能听到孩子的心声吗?马萨诸塞州剑桥市的一个街头调查项目的研究人员发现,对于一些被认为无可救药的问题少年,让他们回到正常生活和重塑性格的良药,是给他们一个畅谈他们自己和他们的生活的机会,而倾诉的对象需要愿意倾听且不会妄加评判,并且倾听时会把他们作为人来看待,而不是当成需要解决或排除的问题。

我们难道无法从这项资料中得到一些启示吗?我们难道不能给正在成长中的儿童开辟一片诚实、开放和自知的远景吗?我们难道一定要等到他们陷入绝境后才给他们机会吗?

针对以上的说明,我们认为有必要指出孩子在学校里所表现的一些事实和想法。他们对这些事是否感兴趣?这些是否让他们感到恐惧或不安?他们对哪些事更有兴趣?

我后来了解到,这虽然是一个问题,但还不是主要的问题,现在这也不是主要的问题。大约五年前,自由先进的教学改革正进行得如火如荼。查尔斯·希尔伯曼(Charles Silberman)和一组研究人员视察了几百所学校。他们发现,几乎所有的学校都存在希尔伯曼在《教室里的危机》(Crisis in the Classroom)中提到的学校里成年人对孩子"可怕的无礼"。

另外,还存在对孩子赤裸裸的体罚,尤其是对小孩子。《最后的手段》(The Last Resort)是一本反对体罚的杂志,编辑艾达·莫勒(Adah

Maurer）最近进行了一项全国范围的调查，以期发现每年有多少孩子受到体罚。排除学校有所隐瞒的情况——通常存在隐瞒的学校体罚更严重——每个学年大概有 150 万人次遭到体罚。这些体罚有时候很严重，孩子们不得不被送到医院，而这些还只是校长室里进行的、记录在案的体罚。还有多少没有记录的——打耳光、拽头发、拽胳膊或耳朵、拧脸颊、撞墙、挥拳头等就不得而知了。经常有报道（已被证实）说有老师因为一两个孩子的行为或者因为学生考试成绩不好而惩罚整个班的学生；还有一个老师在开学第一天体罚全班学生，说是为了"让大家对未来有心理准备"。

除了体罚，精神上的伤害更多——讽刺、嘲笑、侮辱——教育学教授阿瑟·珀尔（Arthur Pearl）曾在教学一线工作过多年，他把这些称作"羞辱仪式"。这些在低年级就开始了，那时孩子还很信任老师，充满期待，更不会对老师造成任何伤害。这类例子就太多了，我已经提到一个，不必再举其他的例子。

问题不是虚假的微笑和言不由衷的赞美，而是严重得多——他们对孩子如此讨厌、不信任和恐惧，简直可以说是仇恨。因为这种情感源于他们自身缺乏安全感、懦弱和恐惧，短期内是不可能改变的，何况社会大众普遍有这样的心理。

当然还有一些老师，他们喜欢孩子，信任并尊重他们，但这好像总是少数人，并且他们中很多人——我收到过好几百封这样的来信——在工作几年后就离开了学校。有些人被开除，更多人选择辞职。因为如果你真的喜欢孩子，而你周围的大多数人都不喜欢孩子，那你会非常痛苦，无法忍受。这些当然没有数据作为依据，因为我们不可能让老师们做问卷，问他们："你讨厌孩子吗？"没有数据，我的结论是根据报告得来的。但是，我读过、听过太多来自学生、家长、实习老师、助教，主要是老师们自己以及其他跟学校有长期接触的人士的报告，使我深信这不是例外而是常态。对学生的体罚和精神伤害，可能不是唯一的，但一定是学生暴力行为的一个主要原因。

我们在学校所做的事，隐藏着以下这些错误的观点：

（一）人类的知识大都是已经确定的部分，也就是被认为每个人都必须知道的部分。

（二）一个人是否被认为受过教育、是否有能力明智地生活在今天的世界，成为社会上有用的人，完全依据他对于这种知识所吸收的程度而定。

（三）学校的责任就是将这种必要的知识尽量地灌输到孩子的心里。

于是，老师们每天忙着将这些概念、方法塞进学生的脑袋里，不管他们乐不乐意接受。这些观念既可笑又有害。我们如果无法摒除这些不正确的想法，就无法开始进行真正的教育或真正的学习。学校应该是一个提供给小孩最乐意学习事物的地方，而不是我们认为传授他们那些知识的地方。孩子如果能学习自己所愿意学习的知识，一旦学会之后，他们就会牢记在心而且运用自如。相反，孩子如果为了取悦或满足某人而学习，那么当他们不需要取悦别人或无法满足别人的要求时，他们便会将所学的部分忘记。这就是为什么孩子对于在学校里所学的一小部分知识无法记忆的原因。因为这些知识对他们已经无用，也引不起他们的兴趣，所以他们不愿意也不希望去记得它。在这一方面，好学生和坏学生的唯一差别是坏学生会马上忘记，好学生则小心地将它保留到考试结束。如果不是为了其他因素，我们乐于将自己在学校所教的大部分课程弃之如敝屣，因为结果孩子还是会将你教他的所有知识都丢掉。

纵使孩子能记得我们所"教导"的每一句话，我们还是认为这种"必要知识"的观点实在可笑。我们不同意也不能同意什么知识是必要的。专攻某种知识的专家或具有某种特殊才能的人，当然希望学生接受这方面课程的洗礼。古典文学家希望学生多了解希腊文和拉丁文化；历史学家督促每个人学习历史；数学家重视数学；科学家重视科学；现代语言学家则希望小孩子学英语、西班牙语或俄语……每个人将自己的专长视为最重要的，也希望它真的变成最重要的，需求这种知识的人愈来愈多。如果我们的教导没有依据孩子或社会的需要，我怀疑谁真的将会受到损害？就像人造卫星在黑暗中划空而过一样。这个环境变得只重视谁的公共关系做得最好，谁拥有最好的教育游说者，谁最能掌握与教育无关的一般事物，结果我们的小孩、国家和社会将是最大的受害者。

至于安排死板的课程，即使我们认为某些科目是必要的，这种观念仍然不妥。因为知识本身是可变的，多年前小孩在学校所学的很多知识，可能已经变成或被公认为不切实际或没有用了。记得我在学校里曾学到的物理观念，是当时非常普遍的教科书中所阐述的物质的基本法则，即物质不灭定律，在我离开学校前，这种定理就被推翻了。大学里所学的经济学课程中，有很多理论在当时并不适用，而且有更多不适用于现在。离开学校这么多年后，我才知道希腊民族并不是像在学校教科书中所学到的印象：暴躁、好争吵，而且喜欢以明亮的颜色来装饰神庙。他们是一个明智、公正的民族，喜欢纯白建筑的庙宇，大部分罗马市民都住在多层楼的建筑中。虽然孩子将他在学校里所听到的每件事都牢记在心，但在他们的生活里，有很多是无法彼此印证的。

何况，我们根本不可能判断哪些知识在40年、20年，甚至10年后是最需要的。当初我在学校学拉丁语和法语时，当时的老师一直强调拉丁语的重要性，但是似乎没有人能够挺身认为到现在仍适用。法语、西班牙语、俄语的情况稍好一点儿，但他们也应该教汉语或印地语，谁知道呢？读到这儿的时候，如果我提议大家学日语，大家肯定都要笑起来。在学校除了物理外，我还学化学，这可能是所有自然科学中最流行的课程，但是我觉得如果有生物或生态学等课程，我还可能会学得更好。我们以前一直苦恼于没有真正的专家来分析正确、该学的知识，直到现在，同样的问题还是存在。我们既然无法预知哪些知识是未来最需要的，当然也就不可能事先教导。我们目前应该做的是培养学生热爱学习、渴望知识、追求新知的心态，以便使他们能够学习任何需要的知识。

我们能够肯定某一种知识比另一种知识重要，或某些知识是必要的，其他学校所重视的知识是没有用的吗？孩子想学习的知识，学校不可能提供也不愿意教他，并且会劝他们不要浪费时间，但是我们能说我们强迫他们学习的知识比他们想要学习的知识还重要吗？也许我们应该思考一下孩子在学校究竟能学到人类的多少知识，也许百万分之一吧。那么，我们又如何能确定这百万分之一比其他部分重要呢？我们的问题并不在于缺乏真正的专家预测我们应该做些什么事，而是我们不仅没有，而且也不愿做我们现在应该做的事。

学习的目的并不是要学每一件事，而且将每种知识都学得一样好。我五年级班上有一个最聪明、勇敢的学生，他对蛇非常有兴趣，对于蛇的了解是我认识的人中最广博的一个。但学校并没有提供爬虫学的课程，有关蛇的知识也不是学校规定的内容。就我个人的观察，每次讨论到有关蛇的知识时，他的表现都最为杰出。

有一次，在上五年级罗马史时，我发现一个男同学偷看抽屉里的科学读物。老师发现后，要他把书收起来专心听讲，那男孩叹口气照做了。他在这里能学到什么呢？我想他利用一小时的时间来研究科学新知，总比浪费一小时的时间在这个他认为既死板又无收获的历史课上做一小时的白日梦更值得。

如果学生在学校里的学习只是在囫囵吞枣或应付老师，那么他是在浪费自己的时间，也是在浪费我们的时间。这种学习不但浪费时间、毫无用处，也无法融会贯通。但是，一个孩子如果能自然地学习，依自己的好奇心追求任何能增进心智的知识，而且可以找出一个适当的学习环境，没有恐惧和罪恶感，这将促进他们在知识上的成长，并促使他们热爱学习，培养学习的能力，同时，他选择了自己的方向，也成为社会需要的人。但我们"最好"的学校却不能造就出这种人，依照惠特尼·格里斯沃尔德（Whitney Griswold）的说法，在做每一件事时都找到了真理和意义，他的生命将永远浸润在学习里。在他内心里所形成的每一种事物的模式也都更完美，更接近生命，因此使他变得更有能力面对生命中随时可能面对的新的挑战。

　　如果我们认为我们的责任和权利，只是教导学生必须学习的知识，那我们实在没有真正的教育可言，因为我们无法随时了解孩子最需要了解或学习的知识，也不知道什么是最适合他们的模式。也许他不能做得很好，但是他能一试再试，直到最后做得比我们更好。我们最需要做的是帮助他们了解哪些是可行的方式，并辅导他们，让他们可以找到所需要的数据。至于选择想学习的或想做的事，则由他们自己决定。

　　另外还有一个原因，也是最重要的原因：我们不应该认为学校是强迫学生听话做事的地方。因为你可能会因强迫学生做事而引起他们的恐惧心理。支持改革论者——一直到最近，这个集团对于大多数美国公立学校仍具有相当大的影响力——到目前仍不肯接受这点建议。他们认为，学生做事有两种方式：好的方式和坏的方式（坏的方式就是恐怖、严厉；好的方式就是温和、仁慈、细腻）。他们认为如果老师不使用坏的方法而使用好的方法，就不会对学生造成伤害。这实在是相当大的错误，主要的原因是他们对改革的效果根本没有把握。

　　没有痛苦、没有恐惧的压力只是一种幻想。恐惧和压力是两个不可分的伙伴，恐惧更是压迫的必然结果。如果你认为你的责任只是使学生听你的指示，结果你必然会使学生感到害怕。如果他们不听话，你可以采取旧的方式——用语言恐吓他们、限制他们的自由或体罚；或者你也可以采取现代的方式——温和、关心、冷静或以鼓励的方式；你也可以用语言、行动、眼神，甚至微笑来安抚他们——这是很多经验丰富的老师的做法，解除学生所积压的恐惧、耻辱和罪恶感；或者你可以很简单地将你自己的恐惧——害怕学生不听话可能对你产生影响——传染给他们，这些学生就会越来越觉得生活充满着危机，并且认为唯有对大人言听计从才能得到保护。然而，这种亲善终会消逝，总有一天，唯一的改变会使学校和教室依照每个学生的方式——满足他们的好奇心的方式，以便能发展他们的潜力，追求他们的兴趣，而且他们还可以从与周围更幼小的孩童接触中得到更丰富的生命感受。简单地说，学校应该是一个具有多元化性质的地方——有智慧的、艺术的一面，也有创造性的、生动的一面——在这里，每个小孩可以自由选择自己喜欢参与的项目，或保有不选择的意愿。安娜五年级时是我的学生，在升上六年级后，我向她提到这种想法。我大略地描述学校的理想模式和学生所能享受到的学习环境，我说："告诉我，你的看法如何？你觉得这个理想可行吗？在学校这样的环境下，你可以学得更多吗？"她起先以为是真的，便很高兴地说："真的吗？这太好了！"她沉默一两分钟之后，也许想起不愉快的学校生活经验，于是她又慎重地说："你知道，学生实在很想学习，我们只是不愿意被强迫。"

确实如此，他们不愿意被逼迫，对此我们应该感到庆幸。所以我们就不要再逼迫孩子，给他们个机会吧。

　　写完这本书后，我已不再相信学校——无论学校多么管理有序——

是孩子学习的适当、唯一及最佳的场所。就像我在《教育之外》(*Instead of Education*)和《自己教孩子》中写到的,除了极少数特殊情况,根本不存在只有学习没有其他活动的场所。对孩子来说,适合学习的、最好的学习环境是他们周围的世界,是成年人的生活。要是我们能在每个社区(或者原来的教学楼里)建立活动中心、俱乐部,还有开展各种活动的场所——图书馆、音乐室、剧场、体育设施、工厂、会议室就好了,这些地方要同时对成人和儿童开放。我们犯了一个很严重的错误(虽然初衷是好的),那就是把孩子和大人分开,把学习和生活分开。现在我们最紧迫的任务之一就是除去他们之间的障碍,让他们重新回到一起。

最后还是让我来讲一个学生的故事。安娜被上一所学校开除时,她的老师认为她已经无可救药。她的父母请来波士顿地区"最好"的专家来管教她。专家的结论是,安娜有严重的学习障碍,还存在精神和心理紊乱。从她到我班里的第一天起,她就是我见过的最快乐的孩子之一——勇敢、精力旺盛、热情、上进、活泼、充满爱心、想象力丰富、有天赋,还是一个天生的领导者——她和班里另外两三个同学把这个班变成了我教过的最好的班级。就像我在别的书里提到的一样,刚来的时候,她几乎不会阅读。学年结束的时候,我也没"教"多少,她已经读了大半本《白鲸》。她长大后,风趣能干,跟小时候一样。我最后一次听到她的消息是在她30岁时,在很多方面她都达到了世俗所谓的成功。她没有破罐破摔,而是在这个枯燥乏味的世界找到了自己的一席之地,并以自己的方式让这个世界更美好。帮助所有的孩子成长为这样的人是我们的责任,也是我们的快乐。

出 版 人　　所广一
责任编辑　　闫　景
责任校对　　贾静芳
责任印制　　叶小峰

图书在版编目（CIP）数据

教育的使命：一位美国名师的课堂反思 /（美）霍特著；张惠卿译. —北京：教育科学出版社，2016.1（2021.4重印）
书名原文：HOW CHILDREN FAIL
ISBN 978-7-5191-0268-5

Ⅰ.①教… Ⅱ.①霍… ②张… Ⅲ.①课堂教学—教学研究—小学 Ⅳ.①G622.421

中国版本图书馆CIP数据核字（2016）第007408号

北京市版权局著作权合同登记　图字：01-2015-0345号

教育的使命——一位美国名师的课堂反思
JIAOYU DE SHIMING——YI WEI MEIGUO MINGSHI DE KETANG FANSI

出版发行	教育科学出版社		
社　　址	北京•朝阳区安慧北里安园甲9号	市场部电话	010-64989571
邮　　编	100101	编辑部电话	010-64989593
传　　真	010-64891796	网　　址	http://www.esph.com.cn
经　　销	各地新华书店		
印　　刷	唐山玺诚印务有限公司		
开　　本	720毫米×1020毫米　1/16	版　　次	2016年1月第1版
印　　张	14	印　　次	2021年4月第5次印刷
字　　数	165千	定　　价	35.00元

如有印装质量问题，请到所购图书销售部门联系调换。

Original English Title:
HOW CHILDREN FAIL
by John Holt
Copyright © 1964, 1982 by John Holt
Simplified Chinese translation copyright © 2016
by Educational Science Publishing House
Published by arrangement with Da Capo Press, a Member of Perseus Books LLC
through Bardon-Chinese Media Agency
博達著作權代理有限公司
All rights reserved

This Chinese Simplified edition is translated and published by permission of proprietor. Educational Science Publishing House shall take all necessary steps to secure copyright in the Translated Work in Mainland China it is distributed.

本书中文版由权利人授权教育科学出版社独家翻译出版。
未经出版社书面许可，不得以任何方式复制或抄袭本书内容。
版权所有，侵权必究。